掌尚文化

Culture is Future

尚文化·掌天下

BUSINESS
ADMINISTRATION
CASE
STUDIES

杨宏力

主编

张宪昌

副主编

工商管理案例研究

第二辑

经济管理出版社

ECONOMY & MANAGEMENT PUBLISHING HOUSE

图书在版编目（CIP）数据

工商管理案例研究. 第二辑 / 杨宏力主编；张宪昌
副主编. -- 北京 ：经济管理出版社，2025. 7. -- ISBN
978-7-5243-0475-3

Ⅰ. F203.9

中国国家版本馆 CIP 数据核字第 20257LA164 号

组稿编辑：张　昕
责任编辑：董杉珊
责任印制：许　艳

出版发行：经济管理出版社
　　　　　（北京市海淀区北蜂窝 8 号中雅大厦 A 座 11 层　100038）
网　　址：www. E-mp. com. cn
电　　话：（010）51915602
印　　刷：唐山玺诚印务有限公司
经　　销：新华书店
开　　本：787mm×1092mm /16
印　　张：10
字　　数：191 千字
版　　次：2025 年 8 月第 1 版　　2025 年 8 月第 1 次印刷
书　　号：ISBN 978-7-5243-0475-3
定　　价：88. 00 元

序　言

世界上没有固定的现代化发展道路，也不存在定于一尊的现代化企业管理模式。党的二十大报告指出，"中国式现代化为人类实现现代化提供了新的选择，中国共产党和中国人民为解决人类面临的共同问题提供更多更好的中国智慧、中国方案、中国力量"。中国独特的基本国情和文化传统，孕育了独特的企业家使命，中国企业管理在遵循现代原则和一般规律的基础上，必然呈现异彩纷呈、多姿多彩的本土化特征。在全面建设社会主义现代化国家新征程、向第二个百年奋斗目标进军的新时期，讲好中国企业管理故事，必须深入调研中国企业管理实际，探索中国企业发展规律。作为管中窥豹、传播中国企业声音的有效形式，编撰管理案例集是最为有效的方法之一。

在聊城大学和社会各界的大力支持下，《工商管理案例研究（第二辑）》正式完稿。本案例集所选取的案例聚焦当前中国工商企业管理的现实情境，兼顾时代性和现实性，以战略管理、人力资源管理、财务管理、运营管理、企业文化模块为框架，以本土化组织的企业管理实践为主要案例内容。本书所选取的案例全部是真实的，主要由聊城大学商学院组织教师采编而成，其中，有2个案例分别来自山东农业大学、山东理工大学的专家约稿，共有3个案例得到了中国管理案例共享中心及案例作者的授权。

本案例集主要供经济管理类本科生在学习时使用，也可供MBA、EMBA学生在学习相关课程时使用，旨在培养学生理论联系实际、运用理论分析和解决企业管理实际问题的能力，以提高应用型人才的培养质量。本案例集吸收和借鉴了工商管理案例课程改革的研究成果，对推动高等学校经济管理类课程教学改革具有一定的积极意义。

在党的二十届三中全会召开后，我们推出了《工商管理案例研究（第二辑）》，感受到了光荣的使命感和沉甸甸的责任感。党的二十届三中全会提出"构建高水平社会主义市场经济体制"，指出"完善中国特色现代企业制度，弘扬企业家精神，支持和引导各类企业提高资源要素利用效率和经营管理水平、履行社会责任，加快建设更多世界一流企业"。这为深化企业改革、提升企业发展活力、推动企业高质量发展指明了方向。坚持以国内大循环为主体、国内国际双循环相互促进的新发展格局，植根于中华大地的现代企业管理理念必将焕发出更大的光芒。

中国波澜壮阔的现代化管理实践和走向中华民族复兴的伟大征程，为案例研究提供了肥沃的企业管理"土壤"和丰富的管理研究素材。本案例集所选取的案例既有教学型案例，又有研究型案例。"星星之火，可以燎原"，我们将努力在工商管理案例研究领域作出更大的贡献。

《工商管理案例研究》编辑委员会

2025 年 1 月

目　录

1

战略管理

三一重工：
从"制造"到"智造"①

摘要： 随着数字经济时代的到来，许多企业都把数字技术应用于自身的生产经营活动中。三一重工股份有限公司作为工程机械制造业的龙头企业和世界一流企业，为了顺应时代的发展要求，于2021年开始全力打造"数字灯塔"，实行全球化、数智化、低碳化的"新三化"战略，将数字经济与实体经济深度融合，实现自身从"制造"到"智造"的转变。本案例以三一重工股份有限公司为对象，从数字化转型、数字化制造以及数字化服务等角度讲述其战略转型之路，以帮助读者了解机械制造业企业在当前竞争环境面临的挑战，引导人们思考机械制造业企业未来的发展方向以及未来的战略规划。

关键词： 三一重工；数字化转型；数字化制造

SANY：From "Manufacturing" to "Intelligent Manufacturing"

Abstract: With the advent of the era of digital economy, many enterprises have applied digital technology to their own production and operation activities. Sany Heavy Industry as a leading enterprise and world–class enterprise in the construction machinery manufacturing industry, in recent years, in order to comply with the development requirements of The Times, in 2021 began to build a digital lighthouse, the implementation of globalization, digital intelligence, low carbonization of the "new three" strategy, the deep integration of the digital economy and the real economy, to achieve their own transformation from "manufacturing" to "intelligent manufacturing". This case takes Sany Heavy Industry as the object, from the perspective of digital transformation, digital manufacturing and

---

① 本案例由山东农业大学经济管理学院王洪生、华东理工大学商学院陈亮（通讯作者）、山东农业大学经济管理学院马涛、李梦凡、朱萌萌撰写，经中国管理案例共享中心授权使用。由于企业保密的要求，在本案例中对有关名称、数据等作了必要的掩饰性处理。

digital service and other aspects of its strategic transformation, help readers understand the challenges faced by machinery manufacturing enterprises in the current competitive environment, guide readers to think about the future development direction of machinery manufacturing enterprises and future strategic planning.

Keywords: Sany; Digital Transformation; Digital Manufacturing

案例正文:

三一重工:从"制造"到"智造"

引言

 三一重工股份有限公司(以下简称"三一重工")于 2000 年正式成立,其前身是 1991 年成立的湖南省三一集团有限公司。从创立之初,三一重工就坚持自主研发、自主创新的道路。目前,三一重工凭借自身的市场优势,持续创新和改进,已经发展为工程机械制造业的龙头企业和世界一流企业,成为中国机械企业迄今为止唯一上榜的世界 500 强企业。近年来,三一重工突破传统产业的壁垒,开始推动数字经济与实体经济的深度融合,推动传统产业改造升级,推动制造业智能化发展。探索三一重工的转型历程有助于为其他制造业企业的发展提供借鉴。

 三一重工的发展并不是一帆风顺的,其发展历程充满了坎坷与艰辛。随着数字经济时代的到来,许多企业都把数字技术应用于自身的生产经营活动中,但尚未通过数字化实现业务增长,使生产变得更高效。三一重工在转型中也遇到了传统设备价值增值水平不高、难以满足客户多样化的需求、缺乏核心技术以及受限于服务供给等问题,但三一重工经过不断地创新和调整,目前已成功实现转型并成为机械行业的标杆。那么,三一重工是如何在大数据时代克服重重困难,实现从"制造"到"智造"突破的?

一、抓住机遇,探索转型之路

 被称为"经济晴雨表"的工程机械行业,具有很强的周期性。近年来,制造行业面临较大下行压力,包括三一重工在内的工程机械制造企业也是如此。面对经济大环境变化的压力,三一重工致力于推进公司的数字化升级、智能化改造,自 2013 年起,实现了由数字化准备到转型升级的重大转变。

1. 五年周期循环

工程机械行业发展的周期变化受宏观经济波动的影响。近十年我国工程机械行业呈现出明显的周期性变化，经历了"发展—高峰—低谷—复苏"的完整周期，其变化过程与宏观经济的波动密切相关。2012年，随着全球经济发展乏力，国内经济增速和固定资产投资增速均呈现放缓趋势，因为前期的需求出现了透支，房地产投资以及基本建设投资的增长速度开始减缓，因此，在2012—2016年，工程机械行业一直在进行深度调整，销量也在快速下降。

自创办以来，三一重工经历的最大挑战就是这"穿越熔炉"式的五年深度调整。在2012年到2016年的五年时间里，三一重工的销售额急剧下降，与2011年的高点相比下降了52%（见图1），出现了前所未有的亏损和赤字，2015年和2016年也是三一重工最为困难的两年。

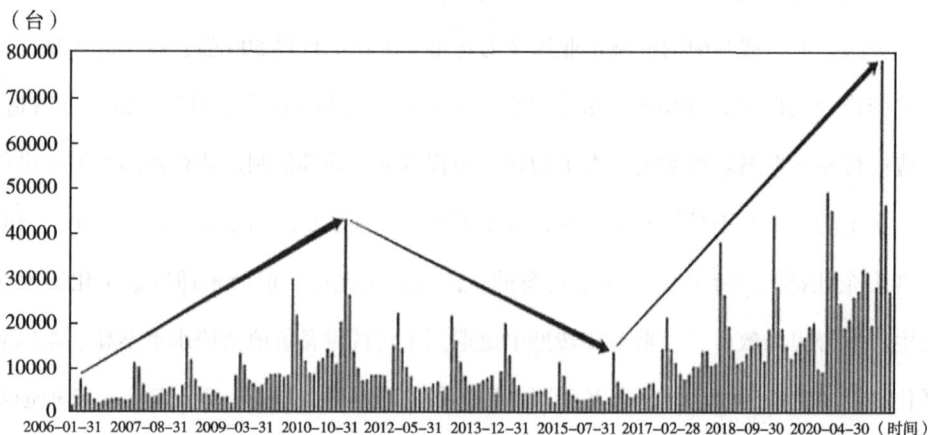

图1　三一重工产品销量周期性变化趋势

资料来源：雪球网.三一重工为啥大跌［EB/OL］.（2021-06-15）.［2023-10-11］. https://xueqiu.com/1403061378/182993126?sharetime=2.

在五年深度调整的背景下，随着时代的发展，数字化、智能化因有益于生产效率的提升，成为大势所趋。三一重工的董事长梁稳根对发展形势很有预见性，在其未来的发展布局中，瞄准了互联网方面，通过积极投入数字化发展应对互联网对传统思维的挑战。但当时，数字化发展领域仍为未知领域，许多人对数字化发展都抱有怀疑态度，并不赞同对三一重工实施数字化转型战略。对此，梁稳根提出：我们已经迈入数字化时代，数据已经成为新的能源，智能成为新的生产力。因此，梁稳根下定决心投入资源，推动数字化运营，并表示，"三一的数字化转型，要么翻身，要么翻船"。

2. 转型之路开启

2015 年，三一重工成功入选工业和信息化部公布的 2015 年智能制造试点示范项目名单，这对于三一重工的互联网发展来说，是一个非常好的开端。为保证数字化的推行，让全员投入到数字化发展中，梁稳根开始积极营造数字化企业文化，制定了数字化知识认证标准，推动全员学习数字化知识与技能，并组建了专门的数字化转型机构，专注于技术攻关，全力将数字化与工业制造进行全面融合。梁稳根曾在采访中指出："三一重工作为一个工业产品公司，对工业技术有很深的了解，通过把工业技术和数字技术完美融合，将数字技术得到了最好的发挥。"

为了让自己的数字化发展战略走出国门，三一重工于 2016 年发布"数字化＋国际化"发展策略，开启了全面向智能制造与工业互联网相结合的数字化转型之路（见图 2）。三一重工通过推进数字化管理，实施工业互联网战略，逐步从内部流程信息化向产业链治理转变，力争公司的生产、运营和销售各个环节都实现数字化，并利用底层技术实现信息的运算、存储和共享。

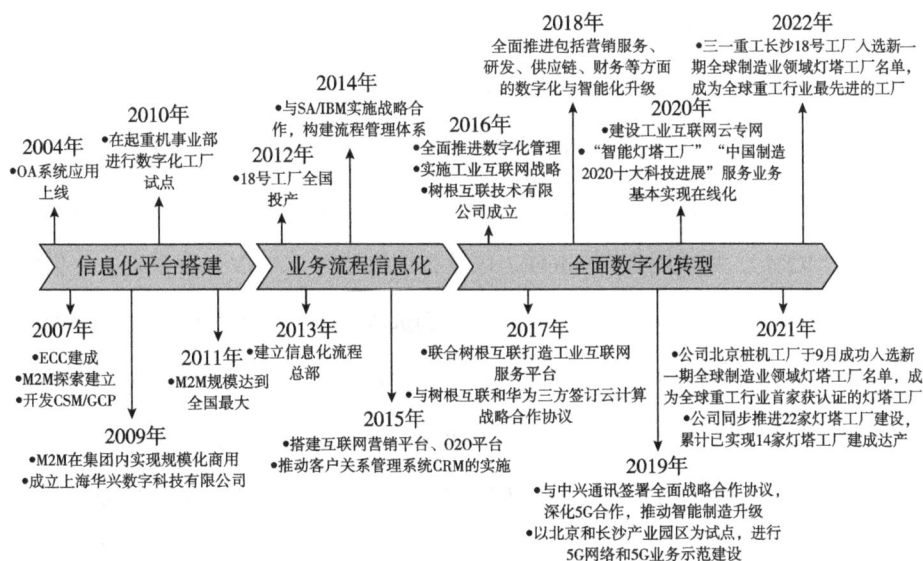

图 2　三一重工数字化战略布局历程

资料来源：三一重工：底部蓄力，数字化向"两新三化"战略升级［EB/OL］.（2022-11-25）.［2023-10-14］. https://m.sohu.com/a/609882107_120516104.

从 2016 年以来，三一重工以"一切业务数据化，一切数据业务化"为发展方向，对企业的研发、生产、销售与服务等各个环节进行了数字化转型，将企业的一系列业务系统进行了全方位的优化和变革。梁稳根认为，至少要实现以下三点才算真正的转型成功：一是核心业务必须全部在线上；二是全部管理流程必须靠软件；三是产品必须高度智能化，管理流程必须高度信息化，客户、代理商、供应商和员工实现高度智慧互联。

二、以服务为主，转型战略持续推进

从 2021 年开始，三一重工持续推进数智化发展，加大数字研发投入力度，打造"数字灯塔"，创新数字平台，利用智能化服务吸引客户，建立起从线上引流，到需求追踪，到整机销售，再到配件供给的全方位服务营销网络。梁稳根以为，这几年最主要的任务之一，就是带领三一重工完成智能化、数字化的转型。

1. 数字灯塔引领智能制造

三一重工的智能制造主要体现在数字化工厂建设方面。2021 年，三一重工全年推进 22 家"灯塔工厂"建设，累计建成并达产 14 家，产能提升了 70%，制造周期缩短了 50%，工艺整体自动化率大幅提升。三一集团董事、高级副总裁代晴华表示："'灯塔工厂'最大的意义，就是人让机器变得更好，机器也让人变得更好。"三一重工的数字化工厂通过深度融合制造执行（MES/MOM）、物联网管理（IOT）以及智能机器人（AGV）等系统，并借助互联网云平台，帮助企业实现从制造到物联网，从车间到远程控制，从人工到智能搬运的全方位管理。三一重工充分利用数字技术，将智能体现在了"灯塔工厂"的方方面面，主要包括智能制造车间、数字化的生产流程及数智化的生产管理。三一重工智能制造研究院院长董明楷介绍："今天的桩机工厂就是一个脑子聪明、眼疾手快的工程师，实现了工匠精神与经验的参数化与软件化。"

随后，三一重工意识到智能工厂可以帮助企业提高运营效率，创造更多价值，便开始扩大智能工厂的建设规模。2023 年上半年，三一重工开始大力推动全球化制造布局，将国内智能制造技术推广到海外，推动制造平台资源的共享，不断拓展业务规模。目前，在印度尼西亚、印度和美国三大海外智能制造工厂已经投产，海外"灯塔工厂"复制推广自动分拣、机器人焊接、机加一键装夹、自动喷涂、自动拧紧、无人配送等100余项国内先进制造技术，并通过MOM、WMS、APS、数字孪生等数字化系统实现生产在线化管理。印度尼西亚、印度二期和南非智能制造工厂启动建设，海外制造产能将进一步提升。

2. 智能服务铸就"业界标杆"

在数字化转型过程中，三一重工一直以顾客为中心，将数字技术与服务顾客相结合，建立起从线上引流，到需求追踪，到整机销售，再到配件供给的全方位服务营销网络。为提高品牌知名度，三一重工通过纪录片等形式展示其数字化和智能制造成果，颠覆大众对工农机电行业的传统认知，同时，三一重工与多家央企、多个政务号等建立合作关系，通过联合推广等方式，实现品牌宣传的群体联动，将品牌宣传与商机转化相结合，通过有效的品牌宣传，建立"商机漏斗"，实现从品牌曝光到商机转化的提升。

此外，为挖掘潜在顾客，三一重工通过整合数字化营销拓客渠道与工具，精准洞察全网客户在什么渠道、什么时间、什么场景中发起需求，并在最佳时间触达和建联潜在客户。最初，三一重工仅获取客户的电话号码，后来发现只获取电话号码不够精准，便建立了一个四要素模型，并在此基础上不断完善，设置客户电话、客户需求、客户预算等标签，以便获取更精准的线索。那么，如何精准获取这些线索呢？一方面，三一重工通过第三方数据及技术手段，识别信息搜索阶段全域营销触点访客行为；另一方面，三一重工通过行为建模分析，精准找到大量有需求的潜在客户。一旦客户确认购买意向，企业便会提供全方位的销售支持，包括提供详细的产品信息、协助客户选择合适的产品配置、提供售后服务等，以此迅速满足顾客需求。

与此同时，工程施工的特性对售后服务提出更高要求，三一重工通过数字化转型，打造数字化服务平台，实现"一键式"在线服务，推动公司向数字化"制造＋服务"发展。三一集团轮值董事长唐修国说："每一台三一的设备都搭载控制器，让成千上万的工程机械迈入大数据时代。"设备使用中产生的数据可用于指导企业服务提升，利用数字化技术和平台，能够更好地服务顾客，进而推动企业长久发展。

三、挑战重重，转型之路坎坷

在数字化转型的过程中，由于缺乏核心技术以及数字化相关的人才，三一重工在开展数字化的道路上面临着设备增值水平低、难以满足客户的数字化需求等问题，这重重困难阻碍着三一实现"智造"之路。

1. 战略规划不足，技术难题难以攻克

三一重工曾算过一笔账：假设购买一台60万元的设备，可替换2位人均年收入15万元的工人，2年就能回本。据此，三一重工提出了3年收回3亿元数字化投资的目标。然而，随着数字化进程的推进，越来越多的人意识到此战略的弊端，若完全"为了机器而换人"，既不可行也没有必要。三一重工部件工艺所副所长尹言虎反映，对于一些特殊角度的焊缝，焊接机器人实在无能为力，只能依靠人工；三一重工智能制造研究院院长董明楷估计，旗下桩机中除了下料、成形等环节接近无人化，焊接、机加、涂装、装配、物流等环节的数字化程度仅超六成。

此外，在生产技术上，三年前从车企跳槽过来的智能制造所所长张雯，本想把车厂的数字化经验移植到桩机上，却遭遇了"水土不服"。与品种多、批量小的桩机生产不同，汽车制造属于规模化生产，无须频繁转换工艺设备，计划可以直接指导生产。"同样精确到分钟的桩机排产计划，由于不同机型生产差别过大而经常落空。"张雯深有感触地说。三一重工旗下的桩机现有38种标准机型，小的挖深二三十米，大的挖深达150米；不少订单还是客户根据施工场景定制的非标型号，一年也生产不了几台。董明楷也坦言，目前有近30种机型实现数字化生产，但对挖深超限的特殊机型，仍无法完全覆盖兼容。

2. 设备价值增值低，服务供给局限

工程机械行业的设备增值水平相对较低，这在一定程度上制约了行业的发展。目前，中国工程机械行业的市场竞争日益激烈，同质化现象严重，行业内产品价格低廉，利润空间不大，这也导致了三一重工在这一领域难以实现设备的价值增值。三一重工的收入主要来自设备销售，而非设备的增值服务。由此可见，工程机械企业的利润率相对较低，与其所投入的资本和

人力资源，这也说明，工程机械企业在设备增值方面还有很大的提升空间。

另外，三一重工的产品技术含量较低，国内工程机械企业的自主研发能力和技术创新能力仍有待提高，这也限制了设备的价值增值。首先，三一重工的关键核心零部件多依赖进口，其中液压元器件的自主化率低于30%，约80%的液压元器件需要进口。其次，三一重工的技术研发投入占销售收入比例仅占1%~2%，相对较低。最后，三一重工的自主创新能力相对较弱，在数字化转型之前，三一重工的专利申请量为245项，在同行中，中联重科的专利申请量为294项，而卡特彼勒公司在同一年的专利申请量为3124项。

在数字化转型过程中，三一重工在用户服务方面也遇到了一些困难。首先，随着数字化转型，客户对服务的期望发生了变化，越来越倾向于个性化、高效和即时的服务。三一重工需要重新评估客户需求，调整服务策略和流程，以更好地满足用户的期望。其次，数字化转型涉及多个系统和平台的整合，而不同系统之间的数据共享和交互可能面临技术挑战，因此，需要解决数据集成、接口兼容性等问题。面对重重挑战，三一重工能否从困难中脱颖而出关系到企业数字化转型的成败。

四、数字加持，攻关各项难题

面对重重困难，三一重工迎难而上，通过加大技术投资，推行"新三化"转型等措施，实现了生产流程的变革与运营数据的实时共享，将产业链上的各个环节连接在了一起，在企业价值链的各个环节都实现了数字化，以此来应对数字化过程中遇到的重重阻碍，逐步实现从"制造"到"智造"的转变。

1. 人机协同，数字技术助力生产

为摆脱陷入"数字化转型就是简单的'机器换人'""将企业打造成'黑灯工厂'为目标"的错误发展方向，王龙刚接棒总经理后，一口气停掉了全厂近1/6的自动化设备，改为人机协同模式。王龙刚认为，数字化并不是没完没了地"做加法"，追求所谓的"大而全"和"高大上"没必要。现在"做减法"就是要回归到降本增效的企业根本目标上。

在王龙刚的眼里，未来三一重工旗下的桩机将实现自决策，即自动制订生产计划、调度工人、管理生产要素，真正打通研发、营销和服务，实现产品全生命周期的数字化。"以后企业更多利润来源于数据，包括基于数据的服务和创新。"王龙刚坚信数据才是企业的核心优势，将成为制造业企业"弯道超车"的机会。

2. 技术投资，数字转型持续推进

为彻底实现数字化制造，近年来，三一重工不断加大研发投入，储备科技力量。从 2021 年开始，三一重工推行"销售一代、储备一代、研发一代"的"三代"研发政策，并取得积极成果。2021 年，三一重工研发费用投入 65.09 亿元，同比增长 30.4%；2022 年研发费用率提升至 8.57%。截至 2022 年底，三一重工研发人员达 7466 人，申请专利 15803 项，授权专利 10905 项，申请及授权数均居国内行业第一位。

此外，三一重工秉承"一切源于创新"的理念，致力于研发世界工程机械最前沿技术与最先进产品。2023 年前三季度，三一重工研发费用支出 42.28 亿元，占当期营业收入比重为 7.53%，与其宣称每年将销售收入的 5% 以上投入研发的目标相匹配。持续不断的高研发投入，让三一重工拥有集群化研发创新平台，包括国家级企业技术中心、国家级博士后科研工作站、院士专家工作站、国家认可试验检测中心等多个研发创新平台。

3. 智能发展，数字服务扩大优势

产品竞争优势在很大程度上源自两个方面：创新、服务。三一重工为客户提供了"生态智慧风电""矿山开采""智慧码头""应急救援"等多个场景化解决方案。为了满足客户在特定场景下的需求，三一重工建立了更细致的客户服务方案，将其从"制造出产品销售给顾客"的模式，转变为"从用户的需求点开始，进行产品的设计和制造，然后有针对性地将其销售给精确定位的客户"。

同时，智能化、数字化服务彰显了三一重工的竞争力。三一重工率先在行业内建立了企业控制中心——ECC，依托物联网平台"云端＋终端"建立了智能服务体系，实现了全球范围内工程设备 2 小时到现场、24 小时完工的服务承诺。同时，三一重工推出了客户云 2.0，实现了设备互联、设备数据共享、工况查询、设备导航、设备保养提醒等功能，更好地服务于顾客。

除此之外，在 2023 年上半年，三一重工推行"以我为主、本土经营、服务先行"的经营策略，在本土通过投资公司持股核心经销商，实现利益绑定的同时，通过对接消费者提升企业服务能力。在海外，成立超过 400 家子公司、合资公司、代理商，国际服务网点突破 1200 个，打造后端快速配套服务体系；同时，通过雇用国际员工，快速响应当地市场，国际竞争力整体提升，海外市场实现快速增长，实现国际销售收入 224.66 亿元，同比增长 35.87%。

4. 创新战略，数字发展引领未来

在 2024 年 1 月 26 日的三一重工第六届供应商联盟峰会上，轮值董事长向文波表示："面对行业诸多挑战，三一重工正在全力开展全球化、数智化、低碳化转型。"其中，全球化、低碳化战略与之前的国际化、电动化战略发生了较大的转变，只有数智化战略坚持不变。

数智化战略包括智能制造、智能产品、智能运营三大方面。一方面，三一重工要持续发力打造绝对领先的智能化产品及技术，以数字化平台为载体，为客户提供更优质的智能服务；另一方面，三一重工运用智能化技术，构建高质量、差异化产品，确保市场规模的持续增长。未来，三一重工将继续借助数字化手段，融合无人化、电动化、智能化、网联化，专注于产品的升级和研发，满足客户更多需求，实现产品创新和经济效益的双赢。

五、长路漫漫，迎接新挑战

随着大数据的发展和竞争的加剧，机械制造行业面临着众多潜在的风险和挑战，三一重工虽然位于机械制造行业的领先地位，但也在数字化实践中面临着更多的问题和更严峻的挑战，未来道路，依然漫长且艰难。

1. 技术投入不足，风险增加

随着科技的飞速发展，三一重工在数字化技术应用上面临诸多技术难题与安全隐患。

首先，数字化技术融合的复杂性日益凸显。如今，人工智能、区块链、云计算、大数据等先进技术不断涌现，三一重工需要将这些不同领域的技术有效地融合到企业的各个环节中。从研发设计到生产制造，从供应链管理到销售服务，每个环节都需要不同技术的支持，而如何构

建一个稳定、高效且兼容性强的技术架构，成为三一重工的巨大挑战。在系统集成过程中，不同技术之间可能存在兼容性问题，需要投入大量的时间和资源进行调试和优化。

其次，数据安全与隐私保护至关重要。在数字化时代，三一重工将积累大量的企业运营数据、客户信息及工业物联网设备产生的数据。这些数据不仅是企业的宝贵资产，也涉及客户的隐私和商业机密。一旦数据泄露，可能会给企业带来不可估量的损失，包括商业信誉受损、客户信任丧失及面临法律诉讼等风险。因此，建立强大的数据安全防护体系，确保数据在存储、传输和处理过程中的安全性是三一重工必须面对的重大挑战。

2. 人才紧缺，成本过高

人才短缺是三一重工数字化转型过程中的关键挑战之一。数字化转型需要大量既懂工程机械行业知识又掌握数字化技术的复合型人才。数据科学家、人工智能工程师、软件开发者、数字化运营专家等专业人才在市场上供不应求，三一重工需要与众多企业竞争这些稀缺资源。吸引和培养这类人才不仅需要提供有竞争力的薪酬待遇，还需要营造良好的企业文化和发展环境。然而，人才培养是一个长期的过程，短期内可能无法满足企业数字化发展的需求。

同时，高成本投入也是不可忽视的挑战。持续的数字化技术研发、基础设施建设，如云计算平台、物联网设备等，以及技术升级和维护都需要大量的资金投入。企业需要在确保数字化投资能够带来相应经济效益和业务价值回报的前提下，合理分配资源。这就要求三一重工在进行数字化决策时，必须进行深入的市场分析和成本效益评估，以避免盲目投资带来的风险。

3. 业务拓展困难，市场竞争加剧

在业务流程方面，传统业务流程与数字化的冲突可能会阻碍三一重工的数字化进程。三一重工现有的传统业务流程和管理模式可能无法适应数字化技术的应用：一些员工可能对数字化技术存在抵触情绪，认为新的技术会改变他们的工作方式，甚至威胁到他们的职业安全；此外，旧的流程和制度可能会限制数字化创新的实施速度和效果。因此，三一重工需要对业务流程进行深度优化和再造，以适应数字化发展的要求，但这一过程可能会遇到组织内部的阻力和协调困难。

在市场竞争方面，三一重工面临着应对市场变化和不确定性的挑战。市场需求、竞争格局和技术发展都处于不断变化之中，企业需要利用数字化技术快速感知市场变化并做出及时响应。然而，准确地分析和预测市场趋势并非易事，需要借助先进的数据分析工具和专业的市场研究团队；同时，在不确定性环境下做出明智的数字化决策也需要企业具备强大的决策能力和风险承受能力。

此外，在国际化竞争中，三一重工还需要面对数字鸿沟的挑战。不同国家和地区的数字化发展水平存在差异，这可能导致在全球市场拓展过程中出现数字鸿沟。三一重工需要适应不同地区的数字化基础设施和监管环境，与国际竞争对手在数字化应用方面展开较量。这对企业的全球业务布局和发展提出了更高的要求，需要企业具备跨文化管理能力和全球视野。

4. 营运问题频出，埋藏隐患

从上文可以看出，三一重工营运指标一直是下降的趋势，这从某种意义上反映了公司的利润水平和获得现金流的能力有限。企业的利润不仅要考虑到所得到的数额，还要考虑到利润的稳定性以及质量，让营运指标保持在一个合理的区间。三一重工的营运指数持续下降，说明其创造自由现金流的能力较差，从而对其营运资金管理产生了一定的冲击。

2021—2023 年，三一重工总负债中流动负债平均占比高于 75%（见表 1），这意味着相对于长期负债，三一重工的流动负债比重更高，其中短期借款和应付账款所占比重较高。短期借款偿还期短、利率高，使三一重工的偿债能力受到一定程度的影响。尽管应付账款可以以低成本甚至零成本占用供应商的资金，但是如果供应商要求立刻支付款项，企业将面临较大的资金压力，很容易出现资金链断裂的问题，为今后的营运资金管理带来很大的隐患。这也说明三一重工整体营运资金来源不稳定。

表 1　2021—2023 年三一重工流动负债及占比

项目	2021 年	2022 年	2023 年
流动负债（亿元）	614.3	676.3	596.98
总负债（亿元）	743.6	927.5	853.7
流动负债占总负债的比重（%）	83.62	72.92	69.93

资料来源：笔者根据三一重工 2021—2023 年年报整理。

六、尾声

工程机械行业与其他行业相比具有资金流量大、流动不规则、周转时间长等特点。其行业特征导致工程机械制造企业在整个生产经营过程中，进行数字化生产和服务情况较为复杂，其管理存在一定的难度。企业需要提高自身的大数据科技发展水平，并科学地进行企业资金管理，使之实现合理、健康发展。三一重工作为我国工程机械制造行业的"领头羊"，在这一行业中率先进行了数字化转型的实践。三一重工在制造、运营、供应链管理方面采取的数字化措施，使企业在整个生产过程中实现了信息的全生命周期共享，促进了企业的生产成本降低和规模的扩大发展。

三一重工在数字化生产过程及整体发展中仍然存在一些问题，诸如过度占用供应商资金、现金回收质量较差、技术投入和组织变革不足、安全保障难以实现等。尽管三一重工在不断地适应新的发展趋势，并利用数字化变革加快自身的发展，但其在核心技术、周转资金等方面还存在着一定的缺陷，运用数字技术的能力也有待提高。在大数据时代，三一重工面临的挑战才刚刚开始，未来将如何发展，还需要持续思考。

启发思考题：

1.结合大数据时代的大背景，试着通过SWOT分析工具对三一重工进行分析，说明什么原因使三一重工进行数字化改革。

2.结合相关理论和案例，分析三一重工在数字化背景下是如何制定战略规划、推动企业价值链的数字化转型的。

3.结合相关理论和案例，分析三一重工从"制造"转化为"智造"的过程中，有哪些好的经验可以为同类型企业提供借鉴。

4.三一重工积极顺应数字化转型的浪潮，取得了显著成效。在此背景下，试结合案例思考未来三一重工在数字化技术应用和实践方面将会遇到哪些新的挑战，又该如何应对。

智慧赋能淄博热力，
温暖居民并守护蓝天 [①]

摘要：我国国企数字化转型战略的部署落地和"双碳"目标的确立，给众多传统能源企业带来了既要加快转型升级、保持快速稳定增长，又要实现低碳减排目标的双重压力。淄博热力集团是一家市属国有企业，多年来一直非常重视信息化建设，2020 年前后，其通过智慧供热项目的实施落地，开启了数字化转型之路，取得了良好的经济效益和社会效益。本案例描述了淄博热力集团探索和实施智慧供热项目，赋能企业数字化转型的过程和价值创造。通过案例的分析和讨论，启发读者思考企业数字化转型的战略决策、实施路径、要素赋能，以及实现价值共创的过程及阻力，引导读者挖掘企业数字化转型需要把控的关键要素、核心能力及价值共创机理，提高读者理论联系实际、分析问题和解决问题的综合能力。本案例也可为同类型企业实施数字化转型提供有效指导。

关键词：淄博热力集团；智慧供暖；数字化转型

Wisdom Empowers Zibo Heating Group, Warms Residents and Protects the Blue Sky

Abstract：With the implementation of my country's "digital transformation of state–owned enterprises" strategic deployment and the establishment of the "dual carbon" goal, many traditional energy companies have been under pressure to not only accelerate transformation and upgrading, maintain rapid and stable growth, but also achieve low–carbon emission reduction goals. Zibo Heating

①　本案例由山东理工大学管理学院张立涛、张英睿、李凯洋与淄博热力集团有限责任公司林静、张锐合作撰写，经中国管理案例共享中心授权使用。由于企业保密的要求，在本案例中对有关名称、数据等做了必要的掩饰性处理。

Group is a municipal state-owned enterprise. It has attached great importance to informatization construction for many years. Around 2020, through the implementation of the smart heating project, it has opened the road of digital transformation and achieved good economic and social benefits. This case describes the process and value creation of Zibo Heating Group's exploration and implementation of smart heating projects, enabling digital transformation of enterprises. Through case analysis and discussion, readers are inspired to think about the strategic decision-making, implementation path, element empowerment, and value co-creation process and resistance of enterprises' digital transformation, and guide readers to explore the key elements, core capabilities and values that enterprises need to control in digital transformation. Co-creation mechanism, improve readers' comprehensive ability of integrating theory with practice, analyzing and solving problems, and also provide effective guidance for similar enterprises to implement digital transformation.

Keywords: Zibo Heating Group; Smart Heating; Digital Transformation

案例正文：

智慧赋能淄博热力，温暖居民并守护蓝天

引言

2021 年 1 月 6 日上午，淄博市热力集团有限责任公司党委书记、董事长汪德刚与淄博市国资委负责人、市发改委负责人等一同为新设立的子公司——淄博市清洁能源发展有限公司及山东省清洁智能供热工程实验室举行隆重的揭牌仪式。山东省清洁智能供热工程实验室是淄博市热力集团有限责任公司大力推进科技自主创新取得的重要成果，是淄博市属国有企业中首家获批的省级工程实验室。实验室的获批归功于淄博热力有限公司从 2015 年开始建设的智慧供热项目，汪德刚对该项目称赞道："我们实现了从传统的人工抄表到实时数据直接上传至云端，从人工操控暖气阀门到利用人工智能算法自动调节，利用机器学习实现精准控制，让千家万户家里时刻保持舒适的温度，真正实现了个性化的'精准'供热。"

一、公司简介

淄博市热力集团有限责任公司（以下简称"集团公司"）[①]是经淄博市委、市政府批准成立的市属国有企业集团，于 2020 年 6 月 11 日注册成立，7 月 31 日挂牌，注册资本 2.5 亿元，下辖淄博热力有限公司（以下简称"热力公司"）、淄博市环保供热有限公司、淄博市清洁能源发展有限公司、淄博市热力管网有限公司和淄博市碳生态发展集团有限公司 5 家全资子公司（统称"淄博热力"），是中国城镇供热协会常务理事单位和农村清洁供热工作委员会副主任委员单

[①] 淄博市热力集团有限责任公司（简称"集团公司"）是以淄博热力有限公司（简称"热力公司"）、淄博市环保供热有限公司为主体新成立的集团公司，由热力公司董事长汪德刚任集团公司党委书记、董事长。本案例所描述的主要内容发生在集团公司成立前后，存在业务交叉重叠现象，因此并未对集团公司和热力公司加以严格区分，特此说明。

位。其业务涉及淄博市集中供热供冷的规划、生产、运营，热力管网建设、维护、运营，清洁能源综合开发利用，热力装备制造产品技术研发和生产销售，热力设计和咨询服务，相关领域的投融资和资本运营等领域，目前集中供热入网面积达 3500 余万平方米。

随着数字时代的到来，淄博热力领导层审时度势，在保持主营业务（供热供冷）持续优化升级的基础上，提出通过"科技创新、管理创新、服务创新"，打造热力行业新标杆的发展理念，积极开拓"智慧供热技术及产品输出"和"多元热源开发"两大业务板块，旨在通过技术创新，为淄博市提供精准的供热解决方案，打造"智慧供热"标杆，并利用科技赋能，协助同行建立智慧化供热平台，快速提升行业管理及运行水平，实现精准供热、暖心服务的目标；积极响应"双碳"目标，开拓低碳化多热源项目研发，开发工业余热、地源、空气源、污水源等多个清洁能源项目，优化热源结构，初步构建了供产销一体化的绿色能源生态系统。

淄博热力科技研发力量雄厚，在"智慧供热"、工业余热利用、供热设计和关键元器件制造方面已走在山东省甚至全国前列，拥有山东省首家以清洁智慧供热为研发方向的省级工程实验室，先后获得"山东省十佳诚信供热企业""北方城镇供暖节能最佳实践案例"等荣誉称号，是全国供热行业能效领跑者（位列全国前 20）。

二、智慧供热项目的提出

1. 面对问题困境的创新决策

党的十八大以来，随着淄博市城市化和工业化建设步伐加快，淄博热力所承担的淄博市张店主城区和高新区的供热需求持续增长，客户投诉此起彼伏，给其运营造成了极大的压力，内生外化的各种问题也接踵而来：区域内的供热负荷飞速增长，产生了热源缺口加大、供热不均、消费者满意度下降等问题；供热区域内蒸汽管网已经运行 10 年以上，蒸汽管网外护和保温性能下降，热损失大，"跑冒滴漏"的现象十分严重，且存在着严重的安全隐患；换热站水温需要每小时进行报温、调压，员工因此需要加点轮班，导致他们牢骚满腹，严重影响了员工的工作积极性和供热质量；按照国家环保政策要求，企业要节能减排，实施新旧动能转换，需要大力提升供热效能才能达标；等等。种种问题的暴露以及在低碳政策压力下，淄博热力的领导们经过广泛调研和深入研讨，决定成立科技创新中心（以下简称"科创中心"），由原热力公司信控中心主任张锐担任科创中心主任，并提出了"科技创新、管理创新、服务创新"三大战略任务。由张锐从集团公司各部门选拔业务骨干，连同外聘专家一起，组建"创新专家库"，开启了以数字化、智能化转型为引领的创新性变革之路。

2. 法开署贷款项目资助下的管网改造

热源缺口大，就需要想办法增加热源，而热源的增加又会大大提高企业的成本，且不符合国家的环保政策。因此，张锐提出，有必要对原有供热系统进行升级改造，提升供热效能，弥补热源不足问题。但是，要对整个中心城区的供热管网进行改造，需要一笔不小的资金。2015年3月，张锐在征询汪德刚的意见后，借助我国与法国开发署（以下简称"法开署"）在低碳环保领域的战略合作契机①，积极向法开署寻求资金援助。在与法开署进行多次沟通交流，以及对项目可行性进行充分论证后，法开署批复了淄博热力5000万欧元的贷款用于中心城区的换热站、管网等设施设备自动化改造，并促成了与施耐德公司的项目合作，对热力公司管网设施进行了一系列自动化和智能化改造：对管网部分加装各式传感器；对二级换热站安装实时监控、安全联锁；手动阀门改成电动调节阀门；对管道安装温度传感器、压力传感器；对水箱加装电动水位器；将泵的循环电气柜改成智能电表和智能变频器（电流电压变频数清晰可见）；在室内外加装温度采集器，并通过plc装置上传到集控中心；等等。

这一系列设备自动化、智能化改造项目的实施，使公司的运营模式发生了极大变化，并取得了非常好的效果。原先供热站的工人需要手抄报表，不仅效率低下，而且容易造成数据的丢失、不易整理；原先是由工人师傅检查阀门、手动开关阀门等，通过改造之后，由集控中心进行自动化控制，大大降低了人工成本。此外，改造之后的节能效果十分明显，单位面积采暖季能耗同比下降32.8%，达到国内同类项目先进水平。

在自动化改造初试成功之后，张锐更加坚定地认为科技创新是企业高质量发展的必经之路。但不久，又一个新的问题摆在张锐面前：集控中心的操作人员技术水平参差不齐，完全凭

---

① 自2004年起，法国开发署与中国财政部、国家发展和改革委员会形成正式合作伙伴关系，在华开展以应对气候变化与推进可持续发展为核心的业务，由法国开发署为中国的能源转型以及区域和生态转型两大关键领域转型提供项目融资。2019年11月法国总统访华期间，两国元首又共同发布了《中法生物多样性保护和气候变化北京倡议》，法国开发署将协助法国政府落实这些相关领域的国际议程。

个人经验来调控阀门，相同条件下不同人员下达的指令存在较大偏差，这不但影响了供热的稳定性，供热成本也呈现出上升的趋势。如何能使集控中心下达的指令达到最优？又或者是否可以摈弃人为决策，完全由计算机做出最优的决策方案？张锐陷入了深深的思考中……

3. 丹麦公司的算法启示

为了明确公司的高质量发展方向，张锐日夜思考着每一条可行的道路。到底哪条路是对的？法开署能使公司发展得更好吗？就在他费尽心思之时，丹麦一家热力公司的做法使张锐灵光一闪。同为热力行业，丹麦公司推出的智能供热模式吸引到了张锐：只需要输入算法，就可以提供更优的解决方案。但是，当张锐想要知道具体的算法是什么的时候，却遭到了拒绝："算法不能给你们，但你们可以提供参数，我们来给你们出解决方案。"张锐听到之后，心中便有了些许感触，立志一定要建立自己的智慧供热平台。张锐曾说："作为科技信息部门的牵头人，对于每天的标准、风向以及成功或失败的案例都必须保持灵敏的嗅觉。"此后，张锐便开始四处搜寻实现智慧供热的"武功秘籍"，也逐步明确了淄博热力智慧供热的未来发展方向。

三、合作伙伴的选择

1. 探寻合作碰壁

接下来的日子，张锐就开始在全国范围内寻找合作伙伴。他先找到华为公司，因为它有供热项目的成功案例。经过几轮谈判以后，张锐认为华为的产品达不到公司要求：首先，供热经验不足，完全是IT思维，思路偏差过大，很难达到预期效果；其次，华为同样是提供黑盒模式的服务，知识产权不予共享；最后，高昂的价格也让张锐望而却步。接着，张锐又联系了国内"互联网三叉戟"：百度、腾讯、阿里巴巴。它们的云计算技术在国内甚至是全球也都是顶尖的。张锐首先选择了与百度合作，但是，百度派到淄博热力的项目经理不到两周便跳槽辞职，合作也就不了了之。于是他又与腾讯沟通，但腾讯的主攻方向是游戏，对智慧供热项目不感兴趣。张锐便只好寄希望于阿里巴巴，阿里巴巴负责人对张锐的想法十分感兴趣，也表示有能力做这个项目。听到这儿，张锐心中暗喜，可接下来的谈判却让他大失所望，由于阿里巴巴正处在快速扩张期，战略重心是在云计算的蓝海里抢占市场，无暇分出人员和团队专门做垂直行业的深挖，并且无法预知供热行业风险性和产业价值，双方的合作也就到此结束。但是，张锐并没有轻言放弃：既然国内企业不行，那就找国外企业试试。

2. 与亚马逊的合作

2016年春节刚过，张锐开始了与微软、谷歌和亚马逊的谈判。首先，他找到微软，当时微软正处在转型期，企业 CEO 也刚刚换人且人心浮动，导致没有合作的想法，谈判无果。随后，他便找到谷歌，但是受限于国家政策，与谷歌的合作直接告吹。至此，所有互联网巨头只剩下亚马逊，虽然感觉希望不大，但张锐还是要硬着头皮去谈，任何一丝希望他都不能放弃。最终，功夫不负有心人，亚马逊的经理对合作之事非常感兴趣。张锐和亚马逊经理深度交谈了两次，经过一个月的时间，亚马逊经理将一份完整的项目策划书与团队配备摆在张锐面前。自此，淄博热力和亚马逊的合作便拉开了帷幕。回忆当时和亚马逊谈判的过程，张锐觉得有三点打动了他：第一，亚马逊云科技是一家有着开放的企业文化和态度的公司，非常乐于与客户分享它们在技术和创新等方面的优秀经验，淄博热力的员工在项目过程中学习到了很多前沿理念，获得了成长与提升；第二，亚马逊云科技非常务实并追求卓越，始终以创新作为核心驱动力，在公有云平台和机器学习领域有着独到之处；第三，"创新基因"让亚马逊云科技专注于蓝海前沿市场，所以更关注和企业的合作共赢，共同开发新市场，保持长期的战略合作关系。正是这些独特优势得到了淄博热力领导层的认可，同时也促成了后续二期和三期项目的合作。

四、试点项目运行

1. 换热站的智能调度

智慧供热平台的建设也并非一帆风顺，首先遇到的问题是人员机构冗杂问题。传统换热站每个站需要一个站长，两到三个值班人员需要24小时轮班，而淄博热力共有300多个换热站，运维大约有1200人，他们负责安全管理、巡线、考勤等工作，每个小时需要进行报温，任务繁杂且容易疏漏。一次偶然的机会，张锐坐在高铁上灵光一现，为什么高铁能够实现实时调度？换热站的工作是否能够同样借鉴高铁调度的原理？行胜于言，张锐回到公司后，便着手进行换热站的智能升级，实现了安全联锁、机械自动化控制等升级改造，将现场人员操作的形式转为远程调度员进行处理的形式。但是，在换热站升级之后，新的问题又出现了。用视频传输的方式虽然代替了原有的人工抄表，但是需要进行视频传输和高清实时监控。带宽、光纤、摄像头成本、网络卡顿、掉帧等问题亟待解决。最初的方案是选择将录像机硬盘在本地存储、调用，但是仍面临着运维费用高、故障率高、噪声大、振动大等问题，需要人员及时对其进行调整，这次张锐又从公安、交警摄像头受到了启发，选择了与中国电信、中国广电进行合作，将视频的运维、安装和设置等业务外包。最终，换热站的初步改造完成，并实现了以下功能：

实时监测：按一定的巡检周期采集各个换热站参数，然后在表格或图形中显示，并实现站内设备以及站点温度信息实时监控。

上位机控制：上位机控制可以在站点显示的界面上进行，也可以集中进行，如设置报警上下限、温度控制曲线设置、信息内容设置等。

数据查询、能耗分析、报表输出：对历史数据进行各类查询，并进行有关的能耗统计分析，输出不同的报表。

警报信息：当遇到新警报信息时，该警报及时收入到历史数据库。另外，系统会自动记录该警报的时间，调度员确认之后，可以依据该信息按站点进行调度工作。

2. 模型开发

换热站改造完成之后，淄博热力开始了与亚马逊的三期合作，共同建设智慧供热平台。在智慧供热平台的建设过程中，技术团队对接业务需求时遇到了许多难点，但是通过两大团队的不懈努力，这些问题都得到了解决。首先，是数据质量问题。针对数据质量问题，淄博热力联合亚马逊大数据团队，通过云技术查漏补缺、数据治理、数据清洗等方式解决了数据缺失、质量相对较差等问题。其次，是技术方向不明确。亚马逊团队通过与淄博热力智慧供热研发团队反复沟通确认，并聘请相关供热、智能技术专家，明确了智慧供热控制策略，进一步明确了智慧供热平台的技术方向。再次，是双方技术团队对彼此业务不熟悉的问题。亚马逊团队对供热业务不熟悉，而淄博热力技术研发团队对机器学习及大数据分析等先进知识缺乏深层次了解。针对这些问题，亚马逊团队与淄博热力技术研发团队通过"相互赋能"的形式，边学习边开展项目研发工作。最后，是淄博热力各软件系统数据不联通的问题。淄博热力各个供热业务系统平台相对独立，关联性不强。针对这个问题，技术团队通过开发标准数据接口，通过建立企业级大数据平台，打破"信息孤岛"，将各个供热业务平台融合在一起。

2017年6月，模型算法初步测试成功，淄博热力利用亚马逊云科技的AL/ML技术和服务，构建、训练和部署了机器学习模型，建立了基于云计算、人工智能、大数据分析的智慧供热平台，离智慧供热目标的实现仅差一步试点运行。

3. 试点运行

试点运行的时间选择在2018年春节前，为保证试运行工作的顺利开展，淄博热力选择了一个独立小区为试点。但运行之初并不顺利，智能算法的不稳定性导致了用户室内忽冷忽热，投诉率空前高涨，并且部分时间段的能耗反而增加了。张锐甚至对自己的思路产生了深深的怀疑，此时，汪德刚的一句"创新本就是不断纠偏的过程"深深地鼓舞了张锐，张锐重新振作，把全部精力放在了试点地区问题解决及算法模型纠偏上。经过一个多月的不懈努力，智慧供热平台呈现出来的数据终于达到了预期的效果。淄博热力利用积累起来的历史数据进行算法训练，构建出智能化的供热模型，并根据气象、工控数据、建筑物围护结构等多维数据，测算出最优的供热模式，并给出相应的操作指令，最终完成精准供热的目标。

回顾整个试运行过程，张锐感慨颇多，他说："实现技术创新真的不是一件容易的事情，我们学习了很多：首先，是方向问题，就目前供热而言，同一城市内享受的同一供热服务，甚至是同一小区内，都往往产生不同的室温，要想达到一个精准的个性化的舒适温度，还要实现安全平稳的供热，必须要有一个智慧化的管控平台，但'精准'二字说说简单，真要做到却并非那么容易。其次，是项目双方的合作问题，双方技术团队对彼此业务并不熟悉，亚马逊团队对供热业务不熟悉，而热力公司技术研发团队对机器学习及大数据分析等先进知识缺乏深层次了解，我们是通过'相互赋能'的形式，边学习边开展项目的研发工作。最后，最麻烦的是数据处理问题，如果数据不准确，再好的模型算法也白搭。一方面，热力公司各个供热业务系统数据并不联通，数据孤岛现象严重，技术团队只好通过开发标准数据接口，建立了数据共享平台，才将各供热业务数据融合在一起；另一方面，是数据质量问题，以前只是知道大数据处理问题比较复杂，经历了这个过程才知道有'多复杂'！"

五、产品化运作成效

1. 客户反馈

智慧供热平台的建设不仅帮助淄博热力获得了巨大的收益，同时也得到了广大用户的一致好评。主要体现在以下两点：第一，是对于平台自身的评价。智慧供热能够实现智能调度、智能调节、智能诊断以及智能维护，不仅能够帮助用户精准控温，达到理想的温度，出现异常情况时，还能够及时做出诊断并为用户发出提醒。这些智能化手段的应用使得使用过的用户都感到物超所值。第二，是对于服务的评价。淄博热力提出"供暖有期限，服务无期限"的口号，在行业内首先提出了 24 小时不间断的供暖服务热线，通过倾听民意、受话员精准解答用户的疑惑、提供专业的服务、有效处理用户诉求，提高了办理效率，从而使用户的满意度不断提升、幸福感不断增强。淄博热力不仅在产品上得到了用户的大大认可，同样在服务上也得到了用户的好评，可谓是效益、声誉双丰收。

2. 减排效益

智慧供热平台的应用不仅使这家传统企业扭亏为盈，两期的项目更使其能耗同比降低了 30%。如果按照目前北方的总供热面积来计算，约有 130 亿平方米的供热体量采用淄博热力智慧供热方案，初步测算，因供热而减少的标准煤消耗约 4400 万吨（折合人民币成本约为 500 亿元），二氧化碳的排放量减少约 2200 万吨，二氧化硫的排放量减少约 36 万吨，氮氧化物减少排放约 33 万吨，体现了此方案的重要生态价值和商业价值。智慧供热平台搭建使淄博热力热单耗从以往的每平方米 0.45 吉焦降低至每平方米 0.3 吉焦，应用于集团 3000 万平方米供暖面积中，每年节约 450 万吉焦热量，折合标准煤减少约 15 万吨，每年二氧化碳的排放量降低 40 万吨，二氧化硫排放量减少 1304 吨，氮氧化物的排放量减少 1136 吨。不仅如此，智慧供热还实现了无人值守，为企业节省了大量人工成本，极大地降低了淄博热力的生产运营成本；同时，原有的人工转行去做用户服务，也提高了用户的满意度，提升了企业整体价值。

3. 行业推广

淄博热力经过多年的数字化改造，已经成为智慧供热领域的领跑者。目前，淄博热力正在与亚马逊开展第三期的项目合作，瞄准"双碳"目标，逐渐扩大试点，在更多细节方面探寻智能化的可能，如热源、管网、建筑物节能等方面。并且，淄博热力不单针对淄博，也对国内北方地区很多城市进行了状态模拟和测试，临清市作为淄博热力的首个试点，从工艺设计、工程建设、内部管理到信息化建设，淄博热力都提供了相应的方案，帮助其实现智慧供热。下一步，淄博热力将继续与亚马逊云科技合作，计划把利用机器学习发展智慧供热的技术推向一个更高的高度；同时，也将积极探讨把这项技术推广到燃气行业，争做智慧节能行业的"排头兵"。

六、尾声

汪德刚坚定地说："七年来，淄博热力利用新一代信息化技术改造传统供热，致力于成为行业标准的制定者和行业发展的引领者。通过与亚马逊云科技长期合作，依托机器学习技术赋能，建成了基于云计算和大数据分析的智能供热平台，帮助我们从传统供热向产业智能化方向转型，在满足用户需求的同时实现节能减排，建立绿色能源生态系统。未来，希望我们能借助先进的云技术持续创新，推动国内热力行业的数字化、智能化转型，为早日实现国家碳达峰、碳中和的目标贡献我们的智慧与力量！"

启发思考题：

1. 如何理解企业信息化、数字化、智能化的含义？结合自己的企业或工作实际，谈谈什么是企业数字化转型，并判断淄博热力的智慧供热项目是否属于数字化转型。

2. 淄博热力智慧供热项目经历了哪些阶段？每个阶段的主要目标是什么？碰到哪些困难？怎么克服的？

3. 结合案例，思考企业数字化转型需要的核心能力，总结并概括一下淄博热力数字化转型的相关能力。

4. 结合案例，阐述企业开展数字化转型过程中要把握哪些核心要素，实现哪些价值。

5. 你对淄博热力的数字化转型的下一步发展方向有什么建议？

"两张皮"到"一体化"：

T 公司运营有效链接战略 ①

摘要： T 公司是一家从老国企转型发展而来的客车上市公司。如何保持战略定力，将使命和愿景有效传递到运营体系，使中层和基层员工有效理解和承接战略，是 T 公司一直以来需要解决的战略管理难题。T 公司通过战略地图解码以及与之相配套的组织调整、运营管理、流程再造和考核指标优化等运营举措，使公司的运营体系有效链接战略，二者关系实现了从"两张皮"到"一体化"的转变。

关键词： 战略管理；运营；链接；客车

From "Two Skin" to "Integration": T Company's Operations Catenating for Strategy

Abstract: T Company is a public enterprise in the Passenger Coach industry, which has evolved from an old state-owned enterprise. The domestic and international coach markets are becoming saturated, and the company's strategic transformation and development are currently facing major management issues. How to effectively convey the vision and strategy to the operational system, and how middle and lower employees can understand and undertake the strategy effectively, has always been a strategic management issue that T Company needs to address. T Company has effectively connected its strategy with operations through strategic maps and corresponding organizational adjustments, management meetings, process re-engineering, and optimization of assessment indicators, achieving a shift from "two skins" to "integration" in strategic management.

Keywords: Strategy Management; Company Operation; Catenate; Passenger Coach

---

① 本案例由聊城大学商学院布戊勇副教授和 MBA 学员杨峰撰写。由于企业保密的要求，在本案例中对有关名称、数据等做了必要的掩饰性处理。

案例正文：

"两张皮"到"一体化"：T 公司运营有效链接战略

引言

2022 年春节上班后的某天清晨，万物复苏，草木吐芽。T 公司总裁孙总高兴地翻阅着公司 2021 年度战略总结，心里产生感慨：几年的努力终于有效果了！他的思绪回到了 2018 年公司系统推行 BSC 时的场景……

一、T 公司简介

T 公司是一家客车上市公司，作为客车制造行业综合实力排名前三的国有企业，T 公司有着 50 多年客车制造经验。其间，T 公司经历了改革开放、体制改革、经济危机等重大外部环境变化，通过不断地变革、优化管理体系，T 公司规模逐步扩大，其管理水平也逐步提升。目前，T 公司目标管理体系、供应链管理、质量管理、生产与设计等战略目标管理，以及运营管理体系已初步搭建完成并有序运行。

T 公司目前的产品包括公路客车、公交客车、旅游客车、团体通勤、校车、高档商务中巴、物流车、房车、新能源客车等，涵盖 5~18 米各长度段大中轻型客车系列，产品销往世界 90 多个国家和地区，实力雄厚，荣誉加身。T 公司还拥有国家级技术中心、国家级实验室和博士后科研工作站，是国家高新技术企业、中国整车出口基地企业。T 公司先后荣获中国名牌产品、中国驰名商标、中国品牌价值 500 强、山东省省长质量奖、首届"省长杯"工业设计大赛金奖、省重点培育和发展的出口品牌、山东省客车工程技术研究中心、山东省新能源汽车动力与控制工程技术研究中心、山东省新能源客车与安全技术重点实验室等诸多荣誉称号。目前，T 公司是山东省最大的新能源客车制造企业，整体竞争力位居我国客车行业第二，在国内外都具备一定的影响力。

截至2022年，T公司拥有总资产90余亿元，员工近4000人，厂区面积达2500亩[①]，主要生产设备2000台（套）。2018—2022年，新能源客车产业井喷式发展，面对突如其来的重大机遇，T公司无论是在反应速度、产销能力上，还是在盈利表现及客户满意度方面，都表现得差强人意，战略管理体系问题逐步显现。特别是战略与运营的脱节问题，直接导致了T公司在市场竞争中屡丢大订单，市场占有率降低，战略竞争力下降，运营执行不到位，经营绩效不理想，严重制约了公司战略目标的达成和远期愿景的实现。

目前，T公司的组织架构如图1所示。

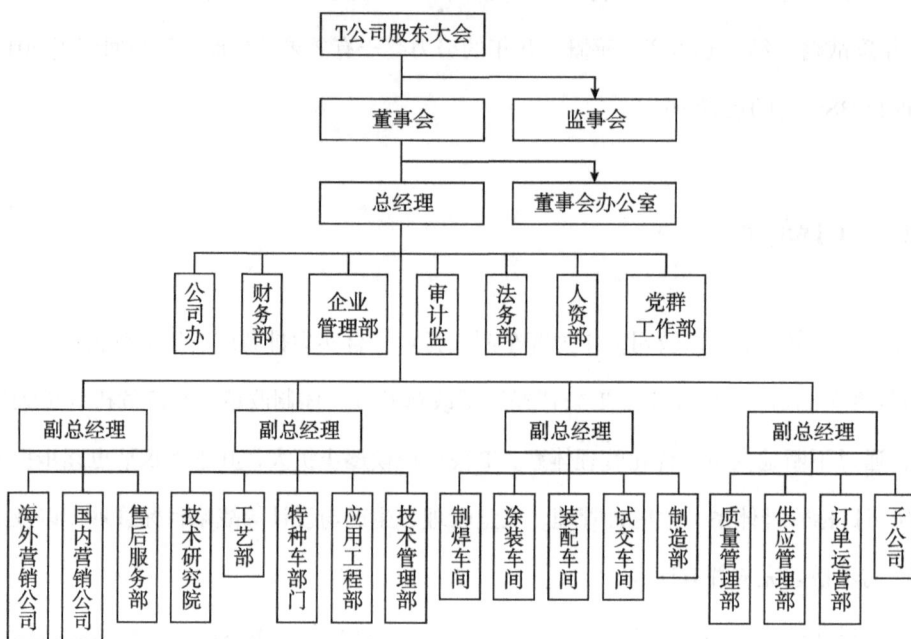

图1 T公司的组织架构

资料来源：由T公司提供。

二、束手无策——T公司的战略管理之痛

时间回到了2018年，T公司刚刚完成厂区搬迁，引进了大量先进工艺设备，试图开启战略转型之路。结合公司内外部环境，公司认为，随着国家新能源客车相关政策扶持力度的推

---

① 1亩 ≈ 666.7平方米。

进，其外部竞争压力会在短期内达到空前的高度，全面提升公司综合竞争力成为当务之急。为此公司高层领导指导公司企业管理部未雨绸缪，依次组织召开了公司级、业务级、职能部门级三级战略研讨会，充分讨论顺应时代革新现有 KPI 战略解码管理工具的必要性。最终，公司成功引入 BSC（平衡计分卡）战略管理工具。在之后的数年，BSC 在公司内推广及实施，它对于 T 公司从低成本战略到差异化战略的转型立下了汗马功劳。

T 公司的企业管理部的主要职责是规划战略和监控战略管理全流程，使战略运作体系高效运行、战略目标如期实现。每年的年底和次年年初，公司企业管理部负责组织召开年度战略解码会议、公司年度重点工作会议和当年第一季度重点工作推进会议等各种会议。

公司内部不乏各种关于公司战略管理及战略解码的不同声音，例如，一些核心业务的部门经理抱怨公司战略管理工具科学性有待商榷，各部门疲于奔命拼命完成相关指标；部分高管也有不满，感觉自己成了"会贩子"，战略与运营各开各的会，各干各的事，各种名目的会议一年比一年多，造成了时间及资源的极大浪费。

在 T 公司过去十年的战略管理优化中，各项举措虽有一定效果，但总体来看，财务、产品和技术等领域一些关键战略目标未如期达成，战略对运营的导向作用发挥不突出，运营对战略目标达成的支撑作用发挥不到位。特别是近五年来，与行业竞争对手 Z 公司相比，T 公司市场份额下滑严重，产品结构失衡，盈利表现差强人意。五年时间，T 公司的行业市场份额就由 2018 年的 10.84% 降低至 2012 年的 7.97%，客车产品年度总销量由 15038 辆减少至 7551 辆，整体利润率甚至不及 Z 公司的 25%，且利润率波动幅度大。

从 2018 年之后的三年来，公司虽然年年定战略，生产、运营、市场和研发等体系运营貌似有条不紊，部门和员工 KPI 考核大多能完成绩效计划，各级员工拿到的工资奖金一分不少，然而 T 公司在同行业当中与竞争对手的整体竞争力，特别是市场竞争力之间的差距和技术差距越来越大。一切都在表明，T 公司的战略管理和运营管理存在各行其是的"两张皮"现象。

三、战略管理"倚天屠龙"——寄予厚望的 BSC

1. 问题"此起彼伏"的运营体系

2018 年，为顺应新能源技术浪潮，T 公司将 BSC 引入战略管理体系，以期据此强化综合竞争力。作为战略管理委员会的组长，孙总经理非常看好 BSC，并安排企业管理部王部长全权负责推广落实工作。经过两年的实践探索，初见成效，员工素质有了明显提升，运营效率提升明显，财务数据逐年向好。但随着 2020 年新冠病毒感染疫情的暴发，公共交通遭受巨大冲击，市场迅速收缩，消费下行及国家新能源政策的退坡，T 公司外界发展环境骤变，企业内部无法对快速变化的环境作出有效反应，许多运营关键举措无法有效链接战略目标，公司内部各种具体运营问题井喷式出现。

负责生产的王副总针对生产系统所处的困境抱怨道："这批 100 台的 10 米客车从制件车间下线到焊装车间后问题频出，焊装认为制件在开工前应该提前跟焊装对接，无误后才能开干，而制件认为企业流程就是这么定的，就得按制度执行，况且上一批纯电 6 米就顺利下线，没有什么问题，类似这种问题在全生产线的各个车间天天发生，不止在生产系统，有时候等我们生产系统车都下线了突然过来跟我说产品哪个地方不达标，技术跟我说某个设计要更改，我每天什么都不用干了，天天断官司。"

质量管理部总监谢总监、技术管理总监夏总监提出了产品合格率指标权重分配不合理的问题对于合格标准的界定也存在歧义，大家都感觉自己吃亏了，要求公司立即开会专题讨论修正。同时，营销副总马副总也提出了问题：原定于 2020 年 8 月 9 日交付的订单，直到 19 号了还没有交付，客户非常不满意，要求撤销订单。每个部门的负责人都认为其他业务板块的问题给本板块业务的运行造成了重大阻碍。

不仅如此，财务总监翟总监也提出了问题："今年上半年出口沙特的 600 台订单，生产下线后，经财务部核算，每台超出成本预算 2000 元，订单交付时因不符合顾客设计要求，需要返工返修，仅对内饰重新进行设计优化一项，每台新增成本就达 1000 元。成本严重超标，尾款得不到保障，而且顾客正在发起延期交付的理赔手续，损失恐怕会严重。此外，公司的坏账率已经同比升高 200%，各营销人员只顾抢眼前订单，忽略了长远利益以及对客户的评估，使财务部门的工作陷入被动局面，财务管理面临失控的风险。"

2. "高高在上"的愿景和战略规划

在"迈向高端，挑战一流"的战略指导下，2018 年，T 公司在拟定的"五年规划"中明确提出，企业战略目标为：对标一流，打造世界一流绿色智能客车企业。专注客车生产，强化技术创新，以城际公交、国际化、新能源为契机，到 2022 年，实现客车年度整体销量 5 万辆，收入 100 亿元，市场占有率 20%；对标的 Z 公司，实现营收 380 亿元，市场占有率持续提升，销量突破 50000 辆。而三年过去了，T 公司的营收仅实现了目标值 100 亿元的 30%，客车销量则仅实现了目标值的 18.9%，市场占有率不升反降。

BSC 运行后，此类问题经常发生，T 公司也在采取措施逐步优化，尚处于可解决的阶段，而真正让孙总经理焦急的是上午收到的财务 2020 年上半年营业收入报告及高管老张突然提出的辞职。老张是上一任财务总监，业务管理能力一流，从毕业至今一直兢兢业业。说来也怪，财务部每年的重点工作任务都能完成，但公司的财务战略指标始终无法达成，为此老张心里承受了巨大压力，每天都在自我肯定与否定中艰难度过。他经常问自己：到底是哪里出了问题？眼看各种问题涌现，孙总深知战略管理体系优化迫在眉睫。处理完紧急公务后，孙总立刻联系了企业管理部王总监。

面对出现的种种问题，王总监说道："BSC 运行两年来，公司战略管理的确有较大改观，但仅靠 BSC 与 KPI 的结合是无法支撑企业灵活应对当下严峻的局势，所以这两周以来我们企业管理部门也一直在研究思考，是不是要系统构建公司全过程的战略管理体系。目前，思路尚未系统成形，通过对两年来战略管理进行复盘，我们发现公司的战略跟日常运营之间存在一个模糊区，正是这一类似黑匣子的存在，才导致我们公司的战略做不到指哪儿打哪儿，下边的员工明明非常努力工作完成了工作计划，但往往公司的战略目标并不能如期实现。"战略管理委员会的核心专家老马回应道："的确如此，咱们近两年一直把工作重点放到了战略目标如何确定、重点工作如何开展，忽略了一个关键的点，那就是我们如何确保我们的运营能支持战略的实现。两者之间还需要架一座桥，这座桥建设完成之后，还需要系统调整、构建公司整体战略解码体系框架，确保效率及效果。"孙总提出："这个桥应该长什么样？有没有成熟的理论工具可用？"

答案就是"战略地图"。

四、"小手拉大手"：用战略地图链接战略与运营

对于很多企业来讲，战略与运营之间的链接仍然处于自由、松散和多变的状态。如果能有

一种管理体系把战略和运营很好地联结起来，那么企业战略管理将获得很大的收益，特别是在企业实施新战略或战略转型时，能更从容地应对困难和挫折。

1. 承前启后的战略地图

"不能衡量，就不能管理，我们需要构建一种贯通机制，用科学的管理工具将我们的愿景和战略转化为切实的行动。"

经过多轮讨论、调研，T公司决定将战略地图工具引入公司战略绩效管理体系，在咨询公司的协助下，经战略管理委员会及高层领导、主营核心业务经理等研讨、调研、分析后，结合BSC在战略规划中的实施现状，T公司最终确定了组织战略目标，并制定了推进计划：

（1）明确战略主题，从BSC四方面提取关键成功要素；

（2）确定各关键成功要素与主要业务流程之间的关系；

（3）确定各主要业务流程关键控制点；

（4）形成组织和部门的关键绩效指标体系。

综合上述研讨，并结合年度战略目标，T公司最终确定了提升盈利及协同高效运营两大战略主题；同时，从BSC的四个维度提取出了8个关键成功要素及13个控制点，并在此基础上进行了细分，最终绘制出了T公司当下战略地图（见图2）。

2. BSC推进框架实现运营体系的协同

有了战略地图后，财务张总监欣慰地说："这样我们财务实现战略目标的路径就清晰多了，各业务、部门共担、共享、共建。""深受其害"的营销刘总监也高兴地说："有了战略地图的加持，营销管理更加科学完备，这对克服严峻市场局势来说是件好事情。"

战略管理优化的执行负责人王总监提出："战略与运营主要差一个战略地图的距离，今天咱们终于走出了第一步。但我们只完成了战略管理的关键的基础性的第一步，各部门的协同性问题、效率问题仍然没有解决。"针对此问题，孙总提出接下来将从下面五个方面使战略管理优化体系落地：

（1）优化组织结构，使组织支持战略；

（2）在确定关键绩效指标时要协同关键业务，将价值链理论与战略解码理论相结合；

（3）优化企业内部流程，提高业务运行效率，杜绝推诿扯皮及返工行为；

（4）优化数字化运营管理预警系统，增强企业内部反应的灵敏性；

（5）搭建战略管理会议管理体系，实现部门级业务单元的协同。

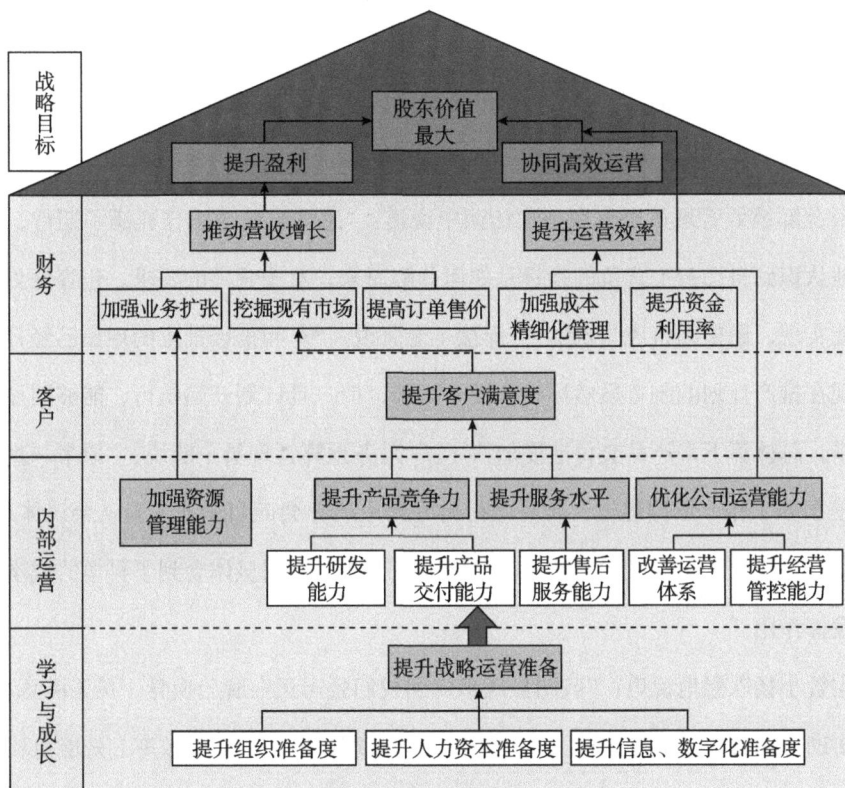

图2　T公司战略地图

资料来源：由T公司提供。

战略地图帮T公司解决了从战略到运营的解码路径问题，使T公司稳住了大局，防止偏航，这是一个非常重要的突破。但战略的实现仅靠这根"鱼骨"是不够的，还要构建起相互关联的"血肉"及周围"神经系统"，这就需要T公司系统搭建战略管理从组织到业务板块再到部门最后到员工的运作体系，使这一系统转起来。此外，T公司还需要梳理业务及工作流程，搭建监控体系，使这一系统不光转起来还要转得好。还有一个非常关键的点，无论是战略主题、指标还是运营中的重点工作任务，都需要通过制度的构建、会议及监控体系的搭建等各方面协同，确保系统快速运转。

在信息时代，数字化时代，要充分运用这些工具，才能提高整体运作效率，达到资源配置的最优。

五、"两张皮"到"一体化"——战略落地

在各部门领导与员工的共同努力下，T公司完成了战略管理体系与运营体系链接的系统优化，并开始试运营。

人力资源部绩效管理员小李在一次访谈中说道："感觉自己对工作充满了期待，现在终于可以清晰地认识到自己身上背负的指标是如何分解而来，对于领导的要求，包容性更强了，只要努力就能实现，愿望即将成为现实。"焊接工老张说："车间推诿扯皮的现象已经开始有减少的趋势，现在排产计划的制订虽然比以往慢一两天，但一旦计划开始执行，能够明显感觉效率提升了很多，总体算下来产品交付速度加快了。"财务预算管理员小欧说："原来一直感觉财务部门特别是预算工作，形同虚设，预算做得再好到最后都会面目全非，自从会议体系搭建后，财务预算前置，责权统一，虽然工作任务量增加了一些，但明显体会到了科学的成本控制在运营中开始发挥作用。"

人事主管小杨欣慰地说道："我明显地感觉到我们公司正在脱胎换骨，员工满意度在上升。战略地图帮助公司解决了战略困境，优化了我们的管理体系，我们的效率、效能及核心竞争力提升了不少。"

在运行过程中，T公司也收到了一些建议和意见，例如，企业内的竞争氛围提升了，但部门及员工间的不安和紧张开始显现，部分老员工还有点儿不适应高效快速的工作节奏，部分管理制度存在滞后性，亟待更新等。

六、尾声

战略管理体系优化使T公司取得了实质性的进步，战略无障碍地向运营体系传递和渗透，实现了各方协同与制衡，保证了运作的高效率和产品的高质量，实现了双赢。

启发思考题：

1. 人人都知战略管理重要，T公司的困境与此有关系吗？

2. 公司年年有战略，各部门和基层职工按部就班地工作，双方"各行其是"的根源有哪些？

3. 怎样设计有效的战略地图？T公司目前的做法有问题吗？

4. T公司目前实施的战略链接运营的管理实践，其重点和难点有哪些？

5. 如何解决T公司战略管理中的组织协同效果？

2

人力资源管理

"薪心之火"，可以燎原：

聊城新泺薪酬管理体系优化之路 [①]

摘要：聊城新泺有限公司（以下简称"聊城新泺"）是一家成立于 1966 年的国有企业，专注于铸造和机械加工，拥有 500 多名员工。公司在铸造领域具有竞争优势，为多家国际知名企业提供零部件，并通过了多项质量管理体系认证。本案例介绍了聊城新泺在面临员工流失率高和员工效能较低的问题时，进行了薪酬管理改革，实现了薪酬的全面化、多样化和人性化，不仅有效控制了员工流失、提升了员工绩效产出，还构建了一个高效、和谐且具有竞争力的工作环境。通过持续的绩效改革创新，聊城新泺实现了在市场竞争中保持领先地位。

关键词：薪酬体系；制造业；人力资源

The Fire of Salary Can Start A Prairie Fire: The Path to Optimizing the Salary Management System of Liaocheng Xinlong

Abstract: Liaocheng Changlong Co., Ltd. is a state-owned enterprise established in 1966, specializing in casting and mechanical processing, with over 500 employees. The company has a competitive advantage in the field of casting, providing components to multiple internationally renowned enterprises and passing multiple quality management system certifications. This case introduces the problem of high employee turnover and low employee efficiency faced by the company, and the implementation of salary management reform has achieved comprehensive, diversified, and humanized salary. Not only has it effectively controlled employee turnover and improved employee

---

① 本案例由聊城大学商学院教授乔美华、2022 级 MBA 学生乙鑫撰写，经聊城新泺有限公司同意出版。由于企业保密的要求，在本案例中对有关名称、数据等做了必要的掩饰性处理。

performance output, but it has also created an efficient, harmonious, and competitive working environment. Through continuous performance reform and innovation, we have achieved a leading position in market competition.

Keywords: Compensation System; Manufacturing Industry; Human Resources

案例正文：

"薪心之火"，可以燎原：
聊城新泺薪酬管理体系优化之路

引言

　　2023 年 9 月的一天，一个熟悉的声音从电话里传来："赵主任，您好，我这个月的工资这么多，没有计算错误吧？"这熟悉的声音来自公司实验室李工。李工接着说道："这么多年来我一直都在新泺这家公司，从来都没有离开过。从一开始以实习生的身份进入公司，在车间、行政等不同岗位轮岗学习，最终定岗到实验室，这是拿到工资最高的一个月。"赵主任边和老李解释工资的明细，边想：老李技术这么强可以在新泺这家企业留任长达 10 年，离开家乡多年到相对贫穷的聊城，并在此落户，到底是什么原因一直坚定不移地选择这家企业呢？李工回答道："是因为我前些年主要是学习和积累，这几年感受咱们公司领导的承诺与决心，相信公司未来的发展"。赵主任感叹，企业一直保持着活力，需要与时俱进。传统的薪酬管理已经不能满足员工的需要，特别是这两年的薪酬管理优化，和从前更是大不相同。让他禁不住想到了近几年在聊城新泺进行绩效改革工作的历程。

一、公司概况

　　聊城新泺有限公司（以下简称"聊城新泺"）成立于 1966 年，是一家集铸造和机械加工于一体的国有企业。公司位于美丽的江北第一水城——山东聊城，现有职工 500 余人。聊城新泺在铸造、机械加工方面具有竞争优势，可生产灰铁、球铁、低温球铁、耐热球铁、合金铸铁、蠕墨铸铁等材质的铸件，具有年产 5 万吨优质铸件的产能，主要为美国卡特彼勒、德国西门子等世界百强企业及国内数十家中央企业提供零部件。

　　聊城新泺通过 ISO9001 质量管理体系认证、ISO14001 环境管理体系认证、OHSAS18001

职业健康安全管理体系认证、PED 认证、BV 认证、中国船级社认证、卡特彼勒 SQEP 银牌认证；聊城新泺是国务院国资委科改示范企业、高新技术企业，省级专精特新企业，省级技术中心企业，首届全国铸造行业综合百强企业，低碳山东贡献单位，山东省军民融合单位，西门子最佳战略合作供应商等。

聊城新泺自 1966 年成立以来专业从事内燃机制造，至今已有 50 多年的历史，其核心产品已取得核心知识产权，其内燃机机体连续 12 届（至当年为第 12 届）获得中国国际铸造博览会金奖和 1 次金奖特别奖。聊城新泺的核心产品"大型球墨铸铁内燃机机体"在生产上具有领先地位，同世界 500 强企业德国曼公司联合研发的大型球铁机体直接出口德国，开创了国内大型高端内燃机机体直接出口发达国家的先河，被《人民日报》等媒体报道。聊城新泺在铸造及加工基础制造业形成了自己的独特优势，帮助了我国在高端武器装备方面实现了国产化替代，摆脱了西方先进国家对中国的"卡脖子"封锁。

二、加速薪酬管理体系改革：薪之火

1. 高温引发的危机

2021 年 7 月的一天，一阵急促的敲门声让赵主任心头一紧。他快速地起身，打开了人力资源部门办公室的大门，发现办公室门口站了十几名员工。看着这么多的员工，赵主任意识到了问题的严重性，顾不上手头的工作，立马将他们带到了会议室询问情况。为首的是铸造车间的老员工老何，他将手上一叠厚厚的资料交给了赵主任，说道："赵主任，我们想来向您反映一些问题，希望您能听听。"在老何和这些员工的交流中赵主任了解到，他们都是来自铸造部门的员工，这个部门的工作压力相对较大，员工也较为紧缺，且新员工不好培训，因为这个部门对专业技术要求很高。特别是最近天气炎热，使本来就身处高温环境的铸造工人纷纷中暑休病假了，因此需要从其他部门临时借调人员，但是在这样的环境下，很多员工都不愿意来这个部门。

在后续的沟通中，赵主任渐渐了解到，人员流失率高、人手不足的一个重大原因是薪酬问题。聊城新泺各个部门的工资其实差别不大，只有销售部门有明确的提成章程，其他部门没有规范性文件。加上铸造车间工作压力大、任务重，但工资与其他部门相差较小，所以人员总是向任务较为轻松的部门流去。就是因为这样的入不敷出，让铸造车间的员工心里不平衡了起来。

赵主任了解完事情的全部起因，安抚了老何等一行人后，说道："请大家放心，我会立马向上级领导反映，及时解决大家所反映的问题，并一定会实时跟进问题解决进度！"

2. 薪酬管理改革迫在眉睫

老何等一行人离开会议室之后，赵主任立刻将刚刚所发生的事情的起因经过如实向上级领导进行了汇报，没过多久，赵主任便得到了回复：公司十分重视这次事件。在经历了为期一周的集体研讨之后，聊城新泺决定成立薪酬管理改革小组，赵主任任组长，进行调研走访，重新完善薪酬管理制度。通过调研走访发现，此类问题不仅存在于铸造部门，其他部门均出现了留不住人、吸引不了人的情况，而员工离开的原因也多是薪酬和福利问题。

3. 全面薪酬改革

赵主任和他的团队在对调研走访结果进行整理分析后，迅速着手探索新的薪酬管理体系改革方案。经过深入讨论，他们认识到，薪酬不仅是员工实际收到的工资或奖金，还包括心理上的薪酬，如未来的晋升机会。如果员工对晋升通道有清晰的认识，他们就能预见自己未来几年的薪酬变化；如果这样的职业发展路径能够满足员工的期望，他们就更有可能长期坚守自己的岗位，从而帮助企业实现留住人才的目标。

根据多方反馈，聊城新泺管理层提出了"薪酬全面化、多样化、人性化"的理念。聊城新泺将薪酬体系划分为经济性薪酬和非经济性薪酬两大类。经济性薪酬包括基本工资、年终奖金、加班费等短期薪酬激励，以及股票分红等长期激励措施。非经济性薪酬则包括带薪休假、补贴报销等福利薪酬。同时，聊城新泺还强调了心理上的薪酬，如明确员工的发展和晋升机会，培养员工的主人翁意识，提供良好的工作环境和积极的企业文化等。

这样的薪酬管理体系改革，旨在使薪酬所涵盖的范围更全面、种类更多样，更加重视员工的个人发展，以人为本，更具人性化。通过薪酬管理体系改革，聊城新泺希望能够提高员工的工作满意度和忠诚度，减少人才流失，吸引和留住有能力的员工，建立一个稳定而高效的工作环境，促进企业的长期发展和市场竞争力。

三、点燃员工热情：心之火

1. 引入个性化激励机制

聊城新泺在薪酬管理体系改革中采取了创新，改变了传统的薪酬结构，引入了更加个性化的激励机制。聊城新泺认识到员工的多样性和个性化需求，因此决定实施个性化激励，以更好地满足员工的不同期望。

聊城新泺实施了灵活的工作安排和项目选择，赋予员工更多的自主权，让他们能够选择自己感兴趣的项目或任务。这种工作方式不仅提高了工作的吸引力，增加了挑战性和成就感，还激发了员工的工作热情，从而提高了工作效率和创造力。聊城新泺通过更多的资源投入来分析个体差异，更全面地了解员工的想法和需求。通过调查、反馈和定期的绩效评估，公司能够更深入地了解员工在职业发展和个人生活方面的挑战，从而增强员工的归属感和对企业的忠诚度。

此外，聊城新泺在其激励计划中还加入了员工培训和学习的机会。为员工提供学习和成长的机会，不仅增强了他们的专业技能，也为他们的未来发展和晋升开辟了更多可能性。这种个性化的学习支持不仅让员工在物质上得到回报，还让他们在知识和技能上得到提升，从而在薪酬激励中获得更全面的满足。

聊城新泺构建了一个更加灵活、个性化和全面的薪酬管理体系，旨在提高员工的工作满意度和忠诚度，同时促进企业的创新和竞争力。这种以人为本的管理理念有助于企业在激烈的市场竞争中保持领先地位，并实现可持续发展。

2. 实施奖惩结合制

赵主任在讨论公司的管理方式时特别强调，公司不仅要重视奖励机制，还要建立一套严格的奖惩体系。这个体系确保员工的工作目标明确，并且他们的努力能够得到公正的评价。聊城新泺公司坚信，通过持续的培训和关注员工的成长，可以激发员工的潜力；同时，还要求员工展现出强烈的责任感和担当精神。这种对员工全面发展的关注，不仅提升了员工的工作技能，也增强了他们的职业满意度和忠诚度。

聊城新泺实施的绩效奖励政策是一种正向强化措施，旨在鼓励员工更好地履行职责。根据员工或团队的绩效考核结果，聊城新泺会给予相应的奖金、奖励金或其他形式的激励，以此激发员工的积极性。这种绩效导向的奖励机制不仅提升了员工的工作动力，也促进了整个团队的协作和凝聚力。员工在这种激励下，更加积极地参与到工作中，他们的创造力和生产力得到了显著提升。

对于那些未能达到工作标准或违反公司规定的员工，聊城新泺也会采取相应的惩罚措施。这些措施可能包括但不限于警告、降职、罚款，甚至解雇。聊城新泺希望通过这些措施，促使员工认识到个人行为对团队和公司的影响，从而激发他们自我提升和遵守规定的自觉性。这种严格的管理方式，虽然在短期内可能会引起一些"不适"，但从长远来看，它有助于维护公司的秩序和效率，确保公司能够持续稳定地发展。

通过对表现优异的员工给予奖励，以及对不良行为实施适度的惩戒，聊城新泺形成了一种明确的激励和约束机制。这种机制不仅针对个体，更着眼于整个团队的塑造，强化了员工的团队归属感。在这样的文化氛围下，员工们在共同的目标下更加紧密地协作，共同推动公司向着更高的目标前进。这种团队精神的培养，对于公司的长期发展至关重要，它能够确保公司在面对挑战时，能够团结一致，共同克服困难。

通过这种综合的管理策略，聊城新泺不仅提升了员工的个人能力，也构建了一个高效、和谐且具有竞争力的工作环境。聊城新泺坚信，通过持续的创新和改进，能够实现可持续发展，并在激烈的市场竞争中保持领先地位。这种管理方式体现了聊城新泺对员工的全面关怀，以及对企业长远发展的深思熟虑，为聊城新泺的未来发展奠定了坚实的基础。

3. 增强员工关怀

在 2022 年 8 月，聊城新泺注意到，随着改革的不断深入，一些基层员工的工作热情不再，日常工作变得机械而缺乏活力。为此，公司责成赵主任领导的团队着手解决这一问题。经过一番深入讨论，团队提出了"员工关怀制度"的理念。在这一理念的指导下，公司的全面薪酬改革更加注重员工的全面发展，致力于为每位员工提供能够展现自我价值的舞台。

聊城新泺认识到，除了物质激励，对员工在精神层面的关怀同样重要。因此，公司定期举办各种员工活动、团队建设训练，以及提供心理健康支持，以此营造一个温馨且充满活力的工作环境。这些举措不仅有助于缓解员工的工作压力，还能增强团队的凝聚力，进一步塑造和谐的企业文化。

聊城新泺通过建立全面的员工关怀制度，不仅关注员工职业生涯的各个方面，还重视团队合作、个人成长和学习发展等多个维度。这种全方位的关怀策略旨在逐步引导员工，激发他们的工作热情，为企业的长期发展奠定坚实的基础。聊城新泺坚信，通过不断的创新和改进，公司能够实现可持续发展，并在激烈的市场竞争中保持领先地位。这种综合的管理策略体现了聊城新泺对员工的全面关怀，展现了聊城新泺对员工福祉和企业未来的深思熟虑。

4. 强化员工归属感

聊城新泺将企业视作一个大家庭，并通过细致入微的员工关怀策略，加强了企业文化的传承和员工的归属感。公司设立了员工关怀基金，这不仅是对员工的物质支持，更体现了对员工身心健康的深切关心，旨在让员工在工作中感受到如家庭般的温暖和关怀。赵主任回忆起自己加入新泺的初衷时说："刚毕业时，我寻找的是一家能挑战自我、不断进步的公司。新泺不仅是我职业成长的平台，更是我心灵归属的家园。"

聊城新泺一直强调团队的力量，鼓励员工勇攀高峰，通过设立一系列目标，并通过团队协作来实现它们。赵主任对每一次团队克服困难、取得胜利的时刻都感到无比自豪，这些时刻增强了他与其他员工的联系和他们的归属感。聊城新泺每年都会组织一次全员大会，对过去一年中表现出色的员工进行表彰。这不仅是对个人努力的认可，也是对整个团队协作的肯定。赵主任表示，这样的表彰不仅激励了员工保持积极向上的工作态度，也营造了一个力争上游的企业氛围，进一步增强了员工的集体荣誉感和归属感。

随着时间的推移，赵主任在聊城新泺的职业生涯也进入了新的阶段。他在公司的成长不仅是工作上的进步，更是对企业文化的深刻理解和认同。十多年来，赵主任对聊城新泺的归属感不断增强，对于他而言，新泺不仅是工作的地方，更是一个大家庭。这种强烈的归属感也是许多员工能够在聊城新泺长期工作的主要原因。

对于聊城新泺来说，员工的留任不仅仅是业务稳定的象征，更是团队凝聚力和文化传承的重要体现。聊城新泺通过关怀基金、表彰大会、团队建设等活动，不断强化员工的归属感，让每位员工都感受到自己是公司大家庭中不可或缺的一员。这种归属感的强化，不仅提升了员工的满意度和忠诚度，也为聊城新泺的长期发展和提高市场竞争力奠定了坚实的基础。

5. 增强员工的使命感

一个充满爱与关怀的工作环境是培养员工使命感的沃土。聊城新泺将企业文化深植于日常工作的每一个细节，不断强化对品质、创新和顾客服务的承诺。在这样的文化熏陶下，像赵主任这样的员工逐渐将公司的核心价值融入个人的工作和生活，进而内化为一种强烈的使命感。

员工的工作不仅是完成任务，更是实现聊城新泺对卓越品质和服务承诺的重要组成部分。为此，聊城新泺鼓励员工勤奋创新，为公司的发展贡献力量。随着员工的成长，聊城新泺通过赋予更多的责任和领导角色，以及提供自主权和决策机会，培养员工成为团队的领导者。聊城新泺致力于教会员工如何管理团队、激励成员，更重要的是，如何协调不同意见，凝聚共识，实现团队的共同目标。这些举措不仅增强了员工的工作信念，而且使他们成长为能够激发团队潜能、引领创新的领导者。

聊城新泺通过持续的培训和发展机会，支持员工在职业技能上实现飞跃，同时也在精神和信念上获得成长。聊城新泺深信，每个员工都能在聊城新泺追求卓越，实现个人职业理想，同时为公司的发展贡献力量。赵主任的成长故事就是聊城新泺企业文化力量的生动体现，他的经历展现了个人与企业共同成长的美好蓝图，激励着每一位员工。

聊城新泺通过营造一个充满挑战和机遇的工作环境，不断增强员工的使命感。聊城新泺不仅为员工提供了实现个人价值的平台，更通过明确的企业发展目标和愿景，让员工感受到自己的工作对于实现这些目标的重要性。在聊城新泺，员工们找到了工作的意义，更找到了自己的使命：通过不懈的努力和创新，推动聊城新泺不断向前发展，实现更高的目标。

四、尾声

近年来，聊城新泺经历了一场深刻而富有活力的薪酬管理体系重构之旅。这场改革不仅触及了公司的制度层面，更是对企业文化和员工价值的一次全面升华。通过实施差异化的激励机制，聊城新泺成功地让员工感受到了公平，重燃工作激情；同时，绩效评估体系的建立确保了员工的努力与回报之间的对等关系。这些措施不仅对员工的辛勤劳动做出了最好的回应，也为公司的长期发展提供了坚实的支持。

聊城新泺高度重视员工的培训与发展，致力于打造一支强大的人才梯队。聊城新泺坚信，员工的个人成长不仅是个人职业成功的标志，更是公司不断壮大的动力源泉。通过渐进式的引导，聊城新泺成功激发了员工的内在动力，增强了他们对公司核心价值的认同，从而形成了强大的团队凝聚力。这种企业文化的升华不仅激发了员工的工作热情、提升了创造力，也显著提升了公司形象，并推动了公司市场份额的稳步增长。

展望未来，聊城新泺将继续以开放和创新的姿态引领行业发展，致力于让"薪心"之火照亮更多企业的前行之路。聊城新泺将持续优化薪酬管理体系，确保它能够适应不断变化的市场环境和员工需求；同时，聊城新泺也将继续关注员工的个人发展和职业规划，提供各种培训和发展机会，帮助员工提升技能和知识。聊城新泺通过这种以人为本的管理理念，不仅提升了员工的工作满意度，也构建了一个高效、和谐且具有竞争力的工作环境。聊城新泺坚信，通过持续的创新和改进，必然能够实现可持续发展，并在激烈的市场竞争中保持领先地位。

启发思考题：

1. 结合案例分析哪些因素促使聊城新泺进行薪酬管理体系的改革。

2. 结合案例分析聊城新泺的薪酬管理体系是如何构建的，它具有哪些显著特征。

3. 结合案例分析聊城新泺是如何利用薪酬管理体系改革来激发员工的工作热情的。

4. 结合案例分析聊城新泺采取经济性薪酬措施的原因是什么。

何去何从：

M 公司"咬定"薪酬助力公司变革 [①]

摘要： 本案例围绕 M 公司正在进行的薪酬管理体系改革这一重要事件展开，介绍了 M 公司薪酬管理体系改革势在必行的整个过程，并对公司改革前的薪酬情况进行了阐述，以及探讨了进一步的优化方案。本案例首先介绍 M 公司的发展历程，其次介绍 M 公司进行薪酬管理体系改革前的情况，最后深入探讨 M 公司进行薪酬改革的具体做法。本案例主要引导学习者从人力资源管理原理和 M 公司管理的特点出发，寻找适合企业发展的薪酬管理制度。

关键词： 薪酬管理；薪酬改革；员工流失

Which Way the Wind Blows? Compensation Change Helps M Company Transform

Abstract: This case focus the ongoing compensation management reform of M Company, that introduces the whole process of the reform of M Company, and expounds the current situation of the compensation before the reform of the company, and further optimizes the plan for the discussion of the salary reform. Firstly, we introduced the development path of M Company, and the status quo of the compensation management system of M Company, and the specific practices of the compensation reform of M Company are discussed. It mainly guides learners to find a compensation management system suitable for the development of enterprises, starting from the principle of human resource management and the characteristics of M Company management.

Keywords: Compensation Management; Compensation Change; Employee Turnover

---

① 本案例由聊城大学商学院副教授布茂勇、MBA 学生王雪共同撰写。由于企业保密的要求，在本案例中对有关名称、数据等做了必要的掩饰性处理。

案例正文：

何去何从：M 公司"咬定"薪酬助力公司变革

引言

"领导，我们今年上半年的营收比去年同期翻了两番还多！""看来公司的薪酬改革做对了！"吕校长听着财务负责人的汇报，一边翻阅着手里的财务报表，一边发出一声感叹，又不禁想起了一年前的一幕：2023 年 7 月，正值暑期，是教育培训机构每年最忙碌、最充实的时间，每年暑期是学员最多的时候，新学员增加、老学员续课。但在吕校长办公室，冷清的气氛与室外炎热的天气截然不同，吕校长对面沙发上正襟危坐六位申请辞职的教学老师。而就在上周，两位市场部员工提出了辞职。这种大量员工辞职的现象在前几年是不可能出现的，就在这半年时间里，公司新老员工先后申请辞职，对公司正常教学和业务开展产生了影响。

一、背景简介

1. 行业格局和发展趋势

自国家"双减"政策实施以来，全国各地的教培机构都面临着类似的困境：要么改革发展，争取活下来；要么业务萎缩、员工流失，等待死亡。

M 公司是一家青少年特长类教育培训机构，成立于 2018 年，经过五年的发展，公司在行业中已经粗具规模。在中小学课程培训被国家政策严禁后，专注于青少年特长爱好和才艺培训的 M 公司可谓赶上了时代的红利。公司刚起步的两年，人员队伍不断壮大，营业收入实现 40% 以上的高增长。

2. 公司简介

M 公司位于 Z 市，是一家综合性教育培训机构，公司成立于 2018 年，在省内共有 5 个校区，总部占地面积6000余平方米，设有幼儿乐高活动中心、青少年编程机器人、青少年编程无人机、青少年软件编程等多种创客类课程，旨在帮助孩子开拓视野，拓展思维，提高逻辑思维能力、培养成功能力。M公司现有在职员工120人，其中，校长1人，综合管理中心主管1人，教学中心主管1人，营销中心主管1人，行政部员工8人，人事部员工6人，财务部员工6人，教务部员工9人，教学部员工75人，市场部员工12人。

经过几年来的不断发展，M公司的组织机构逐渐成熟完善，组织架构日渐清晰。各部门按照工作性质划分为三大类：综合管理中心、教学中心、营销中心。综合管理中心下设行政部、人事部、财务部、教务部，教学中心下设教学部，营销中心下设市场部。其中，各部门的主要职责如下：

行政部：负责M公司各项行政事项，包括研究制定公司行政管理方面的各项制度、组织开展总公司及各分校区的行政会议等。人事部：负责人力资源管理工作，包括制定完善公司人才管理、薪酬管理规章制度、绩效管理等工作。财务部：负责财务管理工作，包括编制、完善、执行公司财务管理方面的各项规章制度，负责公司资金收支、会计核算、会计凭证保管、工资支付、差旅费报销等财务工作。教务部：负责各校区学员排课、学员活动策划、学员日常管理、学员档案管理等工作。

教学部：主要负责公司内教学各项工作，包括教材研究、日常教学、课程教研等工作。

市场部：负责开拓市场、设计招生方案、拓展生源、接待学员咨询等工作。

在课程设置方面，M公司采取小班教学或者一对一教学模式，培训方式灵活，可为学生提供多样化和差异化的选择；在教学理念方面，M公司秉承"科学改变教育"的教学理念，引进先进的编程课程，注重学生思维引导，受到了企业、学生、家长的高度评价；在授课方式方面，M公司采用排班制，除周一及法定节假日为公司休息日外，周二至周五全时段安排5节课，周六、周日全时段安排8节课；在教研方面，M公司每周四会组织各个校区的教学组长进行课程教研，再由教学主管组织各个校区的教研活动，以不断提升教师的教学能力和水平，提升学校教学质量。

二、薪酬？薪愁！平静中的暗流涌动

2023 年 7 月，太阳炙烤着大地，北方的夏天格外炎热和干燥，空气仿佛着火一般，眼看着马上就要放暑假，正是 M 公司的课程培训产品的销售旺季，在这个节骨眼上，公司销售部和教学部的顶梁柱一个接一个地提出了辞职。其他分公司也报告说，新招进来的员工大多在试用期未满之前就会走人，这种现象最近一年来越来越普遍了。

M 公司的人力资源管理基础比较薄弱，尚未形成完整的体系，尤其是薪酬待遇福利管理领域。M 公司发展早期人员较少，单凭领导一双眼、一支笔倒还可以分清楚给谁多少工资，但这样做带有很大的个人色彩，公平性、公正性、对外的竞争性就更谈不上。人员数量激增后，靠过去老办法显然不灵了。

1. 薪酬不能拉开差距，缺乏激励作用

通过同各个部门中高层的深入访谈发现，M 公司一直延续自成立以来的定薪制度，经过公司的长期发展以及市场环境的不断变化，现有薪酬体系并没有得到合理的调整，从整体来看，表现为岗位工资相对较固定，而绩效工资占比较低。随着业务结构的重组，对一些部门职位的职责进行了添加，但是对应的薪酬体系并没有建立起来，存在责权利不对等的问题，员工常抱怨岗位工资相同但是工作量不同。长此以往，会给员工带来"干多干少一个样"的心理认知。多数员工认为目前的薪酬水平较低，同时也没有建立分层分类的薪酬激励机制，对核心骨干、核心人才的薪酬也相对偏低，缺乏激励作用。

2. 薪酬体系缺乏合理的调薪机制

通过调研分析发现，M 公司在调薪机制方面存在不足，工资的调整会受到岗位级别限制，"只有升职才能加钱"，由此导致了员工看不到希望、满意度降低、积极性差等问题。缺少规范的调薪机制，基本靠员工熬年头升职后进行相对的调薪，老职工根据初进公司定下的岗位分配薪酬，升职时间较漫长，而后来新招入的员工主要依靠学历等条件定岗，再根据对应岗位等级发放薪资，有时便会存在能力较强的老员工却没有新入职员工的工资高的情况。

3. 职能部门的薪酬没有和自身考核挂钩，不能反映自身工作情况

在薪酬结构上，职能部门的薪酬核算中，绩效工资核算部分主要包括两部分：一是和一线的招生和教学业绩挂钩；二是需要通过绩效系数进行核算，而该绩效系数是多年前制定的，制定依据主要看岗位职级。显而易见，职能部门的薪酬核算方式主要存在两方面的问题：一方面，职能部门的薪酬和一线方面挂钩幅度较大，并没有反映职能部门自身的工作情况；另一方面，绩效系数的制定和调整缺少标准，导致大家抱怨不公平。

三、何以解忧？唯有薪酬？

2022 年 6 月，M 公司发布了调整后的薪酬方案，方案体现了"老人老办法，新人新办法"的原则，即新方案对销售部和教学部员工适用，公司希望通过逐步调整的薪酬，逐步解决管理中遇到的问题，实现薪酬调整的"软着陆"。

1. 薪酬改革：一"薪"能解千愁吗？

首先，M 公司将销售部和教学部的总体薪酬水平上调 10% 左右。同时，销售人员的固定工资比例由原来的 80% 下调到 70%，教学部由原来的 90% 下调到 80%，相当于增加绩效工资的比例。

新的薪酬方案实施之后，销售部和教学部员工却有不同的想法：浮动绩效工资的发放取决于销售指标的达成，而销售指标是年初就定下来的，定得相当高；到了年中，突然告诉他们固定工资比例下降、浮动工资比例上涨，当然没人乐意了。况且，原来工资水平偏低的问题还是没有得到解决。不久，销售部和教学部出现了员工流失。

另外，薪酬调整没涉及的行政部门也"暗流涌动"。财务部和人力资源部的很多员工打起了"出走"的算盘。

面对如此多的问题，M 公司的负责人吕校长有点无所适从。到底是这次薪酬体系的调整有问题，还是执行过程中有什么偏差？要不要继续把新的薪酬体系推行下去？

2. "薪薪"计较：志同道不合的灵魂

薪酬政策实施半年后，即 2023 年元旦，马上就要过春节，本该是好好算一年收成的时候，总公司人力资源部却不断收到员工的离职信，让本该欢乐祥和的过年氛围笼上了一丝阴霾。

转眼 2023 年 7 月某一天，暑期是教育培训机构每年最忙碌、最充实的日子。在吕校长办公室里，站着 6 位申请辞职的教学部的老师，而就在上周，有 2 位市场部员工提出了辞职。

吕校长瞬间冒出一头汗，该来的总归是要来的，问题已经比预想的还要严重。他请这 6 位教师坐下，马上通知教学中心王主管、综合管理中心宋主管（分管人事部）来校长办公室。

工龄最长、经验最丰富的 A 老师先开口："我们这几个想辞职已经不是一天两天了，我之前也跟王主管反映过，我们学校现在安排的课时量太大，周末安排 5 节课，白天的课虽然只有 3 节，但是根本开不起来，很多时候我们做好了上课准备，结果就来一两个学生，搞得我的上课率低，时间、精力都用上了，课时费一点没见着。""我们也问了同行业的同学，人家现在不严格卡考勤了，只有周四到周天必须到校，其他时间比较自由，只要不耽误工作可以不坐班的，你说咱们平日里白天的课学生根本不多，为什么不能只保留晚上和周末的课呢，这样平时我们既不耽误上班，也能照顾照顾孩子。"另一位 B 老师立即跟上。C 老师说："而且我们学校社会保险、公积金的缴费基数太低了，我现在想买房，去公积金中心咨询了，现在的政策是要看缴存余额的，我这个余额最多能贷 20 万元，咱们市个人最多能贷 60 万元，这差得太多了。"D 老师说："咱们学校的老师工资比别家培训学校低 1000 多元，我同学在一家培训学校，她平均一个月能到手六千，暑假忙的时候都能拿 8000 多元。"E 老师说："咱们学校提成工资占比少，我上个月续费了 6 个学生，一个月才 300 元，为什么我们教师的续费就一个档，市场部好几档呢？"F 老师也说："咱们学校老师就一个档次，我专科学历，来学校 4 年了，今年新来的小王是硕士研究生，一来基本工资就比我多 200 元，人家学历高拿得多这也能理解，但是我们这些有教学经验的老师是不是也应该分档，要不你让我们带研究生的新老师，大家都是一样的，我们也不好带啊！"

一时之间，上课模式、薪酬水平和结构、绩效考核、新老员工待遇……几乎所有问题都摆上了台面。吕校长和两位主管都是"一个头，两个大"。他们请几位老师先回去好好工作，学校会认真研究，尽快给大家一个答复！

几位老师离开后，吕校长又把营销中心张主管叫到校长室，他说："咱们学校的薪酬制度，确实得修改了。"综合管理中心王主管也说，前几天财务部的出纳小李也找他了，说考取了中级会计职称，问能不能涨工资，现在的薪酬制度没有提证书加薪的事情，他正好要向校长汇报这件事情。

吕校长想了很长时间，最后他说："学校必须进行薪酬改革了，这件事情已经迫在眉睫，否则会严重影响学校接下来的发展！你们赶紧去找各自的员工了解他们的想法，咱们只有把他们的需求掌握了，才能从他们的角度思考问题，我们这个行业最宝贵的就是人力，要不惜一切代价扭转现在被动的局面。"

四、何去何从：M 公司"咬定"薪酬改革出路

1. 吕校长的"薪"思考

薪酬体系作为人力资源管理方面的重要模块之一，能有效地提高员工的工作积极性和创造性，对企业的发展有很大的作用。在很多企业中，经常遇到薪酬激励机制不规范、薪酬未能拉开差距、绩效工资固定、缺乏调薪机制等问题。在解决思路上，M 公司抓住目前的问题及痛点，如薪酬水平不能拉开差距、缺乏调薪机制以及职能部门薪酬核算方式不合理的问题，提出"三薪导向"的薪酬体系，即"以能力定薪、以业绩定薪、以责任定薪"，并进行了薪酬结构和定薪方式的重新梳理制定，保障各个序列的薪酬公平性；并针对不同职位，建立不同的薪酬晋级、薪酬晋档的调薪机制，以及建立与绩效考核挂钩的薪酬机制。

M 公司需要扭转激励机制不规范、缺少调薪机制的情况，通过合理拉开差距、建立调薪机制、加强引导的方式，建立相对公平、激励约束对等、多劳多得的管理体系，以及与能力、业绩评价结果挂钩的、公平公正的薪酬激励体系。企业只有通过制定合理的薪酬结构，才可形成"多劳多得、少劳少得、奖优罚劣"的科学机制，实现科学的分配方式。

2. M 公司的"薪"原则

（1）优化现有薪酬结构，提高薪酬激励性。针对薪酬水平拉不开差距、干多干少一个样的问题，M 公司在薪酬体系上进行优化，依据人员能力等级、岗位类型、业绩情况的不同而调整现有薪酬机制，从而合理拉开差距。另外，关于提高员工薪酬激励方面，M 公司分层分类

地建立薪酬发放办法。例如，对于管理人员、职能员工、一线员工需要采取不同的激励方式，建立不同的薪酬结构：对管理层、生产类员工，绩效薪酬占据比例较高；而对于职能类员工，在现有基础上适当提高绩效工资的比例。

（2）建立规范薪酬调薪机制，提升员工积极性。从实际角度来看，薪酬公平性方面的问题更重于薪酬水平拉不开差距的问题。因此，虽然大家都反映薪酬低，其实更应该解决的是薪酬调整机制的问题。在合理调薪方面，要建立规范的薪酬调薪机制，首先要确定科学的调薪基础。调薪基础主要包括调薪的依据、标准和规则，需要通过科学的工具和方法制定并保证公开性。M公司提出薪酬晋级、薪酬晋档的不同定位、规则，对各个序列建立了调薪办法，并从公司角度制定了薪酬总额管控办法。在制定了明确的调薪依据和标准后，还要掌握调薪的"艺术"，例如，争取企业高层的认同与支持、建立通畅的沟通渠道等。同时，M公司还关注员工晋升空间的设置，薪酬的调整可以与晋升通道相结合，让大家看到发展方向，提升员工的积极性。

（3）薪酬激励应体现激励与约束对等的原则。对于职能部门的薪酬核算方式，直接与一线教学和市场业绩挂钩，而没有反映自身的工作情况，这意味着职能部门的工作业绩没有得到评价。在职能部门的薪酬发放上，M公司采用激励与约束对等的原则，对职能部门各岗位的薪酬结构进行合理确定后，建立与部门业绩挂钩的薪酬激励方式，使薪酬体现能力、体现业绩、体现责任。M公司建立了与绩效考核挂钩、与能力评价挂钩的薪酬机制，保障了薪酬的引导性。

3.M公司的"薪"方案

M公司的薪酬构成包括固定薪酬（基本工资）、浮动绩效薪酬（绩效工资、年终奖）和福利三个部分。

其中，所有员工固定薪酬的标准统一，均按照学历不同而有所差别：高中及以下学历为2100元（为当地最低工资标准），大专学历为2300元，本科学历为2500元，硕士研究生学历为3000元；浮动绩效薪酬方面，不同部门和不同岗位的员工的标准不同；福利方面，所有转正的员工享受相同的福利待遇。不同部门和不同岗位的员工的浮动绩效薪酬标准如下：

（1）综合管理岗员工浮动绩效薪酬。

①岗位绩效：主要为全勤奖，每月按照自然天数减去6天即为全勤，超过6天则不发放全勤绩效。全勤奖每月400元。

②工龄津贴：从入职满一年算起，每年增加 50 元。

③提成奖励：主要为续费奖励，每续费 1 名学生，每月享受 50 元续费奖励。

④年终奖：只有工作满一年并且名字在册的员工才能享有年终奖的评定资格，主要依据为负责人、部门主管、教学组长对员工的整体评价，没有统一标准，采用保密制。

（2）教学中心员工浮动绩效薪酬。

①岗位绩效：全勤奖每月 400 元，教学组长每月增加 300 元。

②课时费：每节课 20 元，教学部员工课时费根据学生上课率核定。

③工龄津贴：从入职满一年算起，每年增加 50 元。

④提成奖励：主要为续费奖励，每续费 1 名学生，每月享受 50 元续费奖励。

⑤年终奖：只有工作满一年并且名字在册的员工才能享有年终奖的评定资格，主要依据为负责人、部门主管对员工的整体评价，没有统一标准，采用保密制。

（3）营销中心员工浮动绩效薪酬。

①岗位绩效：全勤奖每月 400 元。

②提成奖励：根据进校咨询、新生、续费分为三类，具体如表 1 所示。

表 1　M 公司提成奖励标准

学员数	1~10 人	10~20 人	20 人及以上
入校咨询（元/生）	5	6	7
新生报名（元/生）	100	120	150
续费奖励（元/生）	50	60	75

③工龄津贴：从入职满一年算起，每年增加 50 元。

④年终奖：只有工作满一年并且名字在册的员工才能享有年终奖的评定资格，主要依据为负责人、部门主管对员工的整体评价，没有统一标准，采用保密制。

（4）福利。

①"三险一金"：公司按照最低标准为公司所有员工缴纳社会保险和公积金，包括养老保险、医疗保险、生育保险和住房公积金。

②餐补：餐补标准每人每月 300 元。

③节日福利：教师节，每人 200 元标准礼品；国庆节、中秋节、春节，每人 500 元标准礼品。

④生日福利：员工生日当天可在指定蛋糕店领取生日蛋糕一份。

五、尾声

一路走来，M公司的薪酬改革磕磕绊绊，从结果来看，也算是柳暗花明。作为组织管理者，吕校长看着通过薪酬体系改革，公司的营收从断崖式下降，到止跌回升，再到一步一步增长，内心充满了成就感。下一步，青少年教培市场的竞争将逐步回归常态，到那时，薪酬管理又会面临什么样的问题呢？

启发思考题：

1. 你如何看待M公司第一次调整销售部和教学部薪酬方案的做法？

2. 你认为造成领导层和员工沟通困难的原因有哪些？最核心的原因是什么？为什么？

3. 案例中教学和销售人员辞职时候的对话，反映了很多教培企业中常见的状态，即每个人需求中只关心与自己利益相关的问题，你是否赞同他们的说法？为什么？

4. 对于M公司来说，针对案例中已知的问题，现在要想解决薪酬管理问题应该优先从哪些方面解决？提出你的解决建议。

"破"而后立，"变"中求进：

阳平食品人力资源管理变革之路 ①

摘要：阳平食品在发展过程中遇到了生产端效率跟不上销售增长的速度、缺少科学的管理机制、管理缺少抓手等问题。通过对离职率的深入分析，本文找到了问题的根源所在，确定了定岗定编定员、薪酬改革、核心团队人才盘点与招聘、绩效管理体系设计与落地、中高管能力提升和企业文化打造的系统化人力资源管理解决方案。通过一系列的人力资源管理变革举措，阳平食品在生产端的管理得到了明显改善。人员离职率大幅下降，生产质量和效率显著提高，企业内部的协同合作也更加顺畅。本案例完整呈现了从问题诊断到方案落地的全过程，为学生提供了从"知"到"行"的桥梁，帮助学生理解人力资源管理不同模块的联动效应以及整体解决方案的设计思路，强化了其对人力资源管理系统性思维的理解。

关键词：人力资源管理；薪酬；绩效；变革

"Break" to Innovate, Evolve Through Change: Yangping Foods' HR Management Reform Journey

Abstract：During its development, Yangping Foods encountered challenges such as the production efficiency failing to keep up with the growth rate of sales, the lack of a scientific management mechanism, and the lack of effective management means. Through in-depth analysis of turnover rates, the root causes of these issues were identified. A systematic human resource management solution was formulated, encompassing position staffing and personnel allocation, compensation reform, talent assessment and recruitment for core teams, performance management

① 本案例由聊城大学商学院于东阳副教授、2023级人力资源管理专业学生鹿越、慧仕盈科管理咨询公司总经理纪淑丽撰写，经山东阳平食品有限公司同意出版。

system design and implementation, mid-to-senior management capability enhancement, and corporate culture development. Following a series of human resource management reforms, Yangping Foods achieved significant improvements in production efficiency. Employee turnover rates decreased substantially, production quality and efficiency markedly increased, and internal cross-departmental collaboration became more streamlined. This case comprehensively illustrates the entire process from problem diagnosis to solution implementation, serving as a bridge from "knowledge" to "practice" for students. It enhances their understanding of the synergistic effects among different human resource management modules and the design logic of holistic solutions, thereby strengthening their grasp of systematic thinking in human resource management.

Keywords: Human Resource Management; Compensation; Performance; Reform

案例正文：

"破"而后立，"变"中求进：
阳平食品人力资源管理变革之路

引言

2022 年 1 月 10 日腊八节，寒冷的冬日升出一轮暖阳，普照着巍巍耸立的燕塔，影子落在文庙的歇山顶上。街巷间，大红灯笼高挂，家家户户饭菜飘香，孩童嬉戏，年味渐浓。山东阳平食品有限公司（以下简称"阳平食品"）的餐厅里，腊八粥已经熬制完成，一碗碗送到了员工的餐桌上。员工们笑语盈盈，分享着节日的喜悦。

阳平食品总经理任学正站在办公室的窗前若有所思。连续八年的业绩高速增长，让他既喜悦又倍感压力。销售势头不减，管理也要齐头并进。任总想，与其自己摸索，支付试错成本，不如直接请专业的人帮忙指点。任总转身，拨通了本地一家口碑颇好的管理咨询公司——北京慧仕盈科管理咨询公司（以下简称"慧仕盈科"）负责人纪淑丽的电话。任总简单跟纪总讲述了自己的发展需求，双方约定找时间见面详谈。一场为企业带来新生机的变革，就此拉开序幕。

一、公司发展历程及管理提升需求

1. 公司发展历程

山东阳平食品有限公司根植于深厚的文化底蕴之中，自 2004 年成立以来，便承载着"阳平"这一源自清末民初的"山东老字号"荣耀。公司坐落于风景秀丽的山东聊城莘县（古阳平县所在地），地理位置得天独厚，恰处冀鲁豫三省交会的黄金地带。"阳平胡辣汤"作为市级非物质文化遗产，由任家四代人传承至今。

第一代传承人任老爷子在古城街头支起摊位，凭借一碗香辣浓郁的胡辣汤闻名遐迩。第二代传承人在作坊式生产的基础上，引入了简单的包装工艺，将胡辣汤料推向周边市场。第三代传承人老任总正式注册成立公司，建立了第一条生产线，产品从单一的胡辣汤料拓展到谷物代餐粉、五谷养生粥等系列产品，每款产品都凝聚了对传统工艺的尊重与现代科技的融合。阳平食品秉承"诚信、务实、专业、创新"的企业价值观，凭借"无添加、纯手工"的承诺，在区域市场站稳脚跟。

2014 年，23 岁的任总从父亲手中接过"接力棒"，成为第四代传承人。年轻的他带着创新思维，从全国招聘优秀销售人才，拓宽销售渠道，短短几年间，销售额连年增长。但年轻的任总在公司管理上也面临着诸多挑战。

2. 管理提升需求

阳平食品经过 18 年的苦心经营，一步步从最初生产酱菜、胡辣汤的家庭作坊，发展到今天的现代企业，凝聚了任家两代人的心血。年轻的任总在阳平食品装卸、研发和生产等基层岗位锻炼了三年后，2014 年正式接过帅印，开始出任阳平食品的总经理。当时的企业规模不大，管理方面也没有严格的规章制度，生产人员实行简单的计件工资，销售人员实行业绩提成。当时，企业面临较大的生存压力，发展的重点是如何迅速地开拓市场，以谋求在激烈的竞争中生存下来，小任总也把精力聚焦于营销上。经过几年的努力，公司销售业绩连续增长，逐渐站稳脚跟。

但是，随着销售端的持续增长，企业管理的提升迫在眉睫：一是车间生产效率的提高跟不上销售增长的速度，这已经成了企业最大的管理痛点；二是缺少科学的管理机制来保证公司的团队稳定性；三是中高管团队缺少管理抓手，不知如何主动聚焦于企业发展。

二、借助外脑，全面诊断

1. 最快成交的管理咨询合同

一周后的周日上午，任总与父亲老任总一同会见了慧仕盈科的纪总。两位老总用了近一个小时，详细阐述了企业面临的困境。纪总听完后，提出了三个关键问题："第一，公司目前的年度销售额和员工总数是多少？第二，销售端和生产端的员工比例如何？第三，公司中高管人数是多少？"得到了相关数据后，纪总表示，这个项目可以做！纪总当场给出一套定岗定编定员、薪酬管理体系升级、核心团队人才盘点与招聘、绩效管理体系设计与落地、中高管能力提升和企业文化打造的系统化人力资源管理解决方案，并为两位任总描述了项目预期。双方仅用了两个小时就完成了项目前期沟通、咨询草案定稿和合同细节敲定，是慧仕盈科自成立以来最快成交的管理咨询合同。

事后纪总解释了这三组数据的意义。通过第一组数据"公司的年度销售额和员工总数"，可以了解阳平食品目前的规模，以及阳平食品的人均销售额情况。阳平食品的规模在行业内已经属于中型体量，人均销售额更是远远高于行业水平，企业基础较好。结合行业的利润率情况，阳平食品的利润提升空间很大。通过对第二组数据的分析，得到阳平食品的"销售端和大生产端的员工人数比例"接近1:1，结合企业的行业特性，销售端的人员比例越高，企业市场开拓能力越强，管理提升的潜力也就越大。第三组数据展示了阳平食品虽然是一家百年老字号企业，但公司高管仅有董事长、总经理和销售总监三个岗位，大生产端还没有高管。组织架构的纵向上，阳平食品的管理层级并不多；横向上，部门的管理宽幅也相对合理。这说明企业的"帕金森症"还未形成，组织的扁平化一直被保护得很好，这也是初创企业的特点。

2. 数据解密，切中肯綮

2022年4月6日，纪总带领管理咨询团队进驻阳平食品之后，一方面组织团队对企业相关数据进行分析；另一方面与总经理、生产部和相关部门核心岗位的人员面谈，同时，细致观察生产团队每天的工作情况。随着以上工作的推进，纪总很快找到了提高产能的方法。

为剖析阳平食品的人力资源现状，纪总对过去15个月的经营数据进行了全面、细致的分析。其中，生产部门的员工离职率引起了纪总的警觉。

除了生产部，阳平食品团队的稳定性是很好的，行业内其他公司离职率最高的销售部，其年度离职率都保持在10%以下。但生产部的团队离职率已经超过了行业平均水平。

阳平食品生产团队的高离职率也一直困扰管理团队。新员工对于生产流程和质量标准掌握得不够熟练，给生产部和质量管理部带来了很大的管理压力；同时，不稳定的生产队伍使生产效率上不去，效率上不去只能人数来凑，一到销售旺季生产部就"要人"，人力资源部常常感到疲于应对。生产团队的高离职率同时也造成了大生产端人工成本的提高。

纪总团队通过深入分析又发现，生产部离职人员中90%为入职不满1个月的新员工。纪总团队通过对阳平食品生产团队管理模式的研究，找到了其中原因。

阳平食品生产团队的工资机制采用的是"无底薪＋团队计件工资"的形式，生产部根据每条生产线当天的产量和所生产产品的计件标准计算生产线当天的计件工资总额，生产线上的所有员工根据所在团队的工作量分配计件工资总额。这种薪酬机制是有其优势的，它使生产线上的员工相互监督、相互配合，共同提高产量，有利于小团队的合作。小团队多劳多得，但生产任务少的时候拿的钱也少，在一定程度上能达到节约企业人工成本的目的。

但这种机制的弊端却非常明显，当团队人数超出生产线需求的时候，生产线上的原有成员就会排挤新人。这个很好理解，生产设备的工作速度是有上限的，三个人干一条线和四个人干一条线，每天的产量和计件工资总额差不多，但增加人员，所有人拿到的计件工资就会降低。在这种情况下，生产线上的原有团队又怎么会欢迎新人？势必会将他们排挤出队伍。另外，计件工资让员工主观上只关注产量，不注重质量，产品质量要靠生产经理和质量管理部门对生产过程"密不透风"的日常监督才能有所保障。同时，阳平食品的行业特性注定了其生产方式是以销定产，员工会选择在销售淡季生产任务计件少、工资低的时候，或农忙、过节的时候请假甚至离职。纪总团队对离职数据分析也印证了她的判断。

离职率原因的解密帮纪总团队找到了提升生产产能的方法。

三、对症下药，提升管理

1. 夯实基础，定岗定编

定岗定编是人力资源管理的基础性工作，人力资源管理的各项制度都要建立在科学的定岗定编定员的基础之上。纪总管理咨询团队首先通过对生产部门的职位分析，根据阳平食品生产线布局情况，并结合阳平食品团队过往的管理经验，对生产部门员工进行定岗定编定员，明确了各个岗位的职责和权限。每个岗位的工作内容和要求都清晰明确，员工知道自己该做什么、做到什么程度，避免了职责不清导致的工作混乱和推诿现象；同时，对超编人员调整岗位，保持各产线人员的合理性。另外，配置零工岗作为机动人员，不分配生产线的计件工资。

为提高生产效率，生产部门在定岗定编定员的同时，还增加了物料控制岗和生产计划岗。

生产部之前的做法是各产线带班班长兼任物料控制岗，每天早上 8 点晨会，带班班长收到生产经理下发的产线生产计划后，安排产线员工去仓库领域生产物料。这种工作程序造成的后果是，每天早上仓库门口就排起了队，仓管员疲于出库，领料员工焦急等待，产线的其他员工无事可做。终于等到各产线第一批物料领全并开始生产已经 9 点以后了。劳动时间被大量浪费，生产效率低，领料集中还造成仓库工作压力大。设置了物料控制岗以后，生产经理提前一天将生产计划发给物料控制员，物料控制员每天下午配送各产线次日生产物料，每天上午补充各产线当天生产物料。各产线员工上班就可以开机生产，全天物料不中断供应。生产计划岗的职责主要是为各产线安排合理的生产量，保证员工工作效率和生产的稳定性；同时，联合仓储部门、销售部门一起摸索生产规律，希望以最小的库存量满足销售需求。

2. 不破不立，薪酬改革

原有的团队计件工资制度存在诸多弊端，纪总管理咨询团队根据阳平食品的自身特点，重新设计了一套充分体现岗位差别的岗位绩效工资制度。其核心是"以岗分级，以能定岗，多劳多得，岗变薪变，动态管理"。

工资结构设计为岗位工资、绩效工资、奖金补贴三大部分。岗位工资是体现岗位责任、岗位技能、岗位强度、岗位环境等劳动差别的工资单元，是工资当中的固定部分，主要起到保障作用。绩效工资则根据不同岗位采取不同形式，是工资当中"活"的部分，主要起到激励作用。生产人员主要采取计件工资形式；销售人员主要采取业绩提成形式；行政管理人员则把岗位工资的一定比例作为"活"的绩效工资，根据绩效考核结果浮动发放。奖金补贴包括全勤奖、工龄工资、孝亲工资、创新发明奖和组长补贴等内容。

原有的计件管理制度"一品一标准"，即每个产品有单独的计件标准。造成的结果是，每增加一个新品就需要组织相关部门确定其计件标准，大大增加了公司的工作量。这样的计件管理制度也让提升生产管理无从下手。纪总的管理咨询团队通过入企后的数据分析、现场观察和团队访谈，终于总结出了阳平食品的产品计件规律：根据产品类型、产品包装方式和生产工具三个要素确定产品的生产时间，再乘以结合产品生产难度等特殊情况确定的校正系数，得出生产产品的标准工时；对标准工时相近的产品合并同类项，并按分类确定统一的计件工资标准。在此之后新研发的产品，就可以直接按类别得到其计件工资标准。同时，在制度中明确了带班长有产线员工计件工资分配的微调权，真正做到了多劳者多得。此外，明确了产品检验合格后才可计算计件工资，让员工重视起产品质量。

3. 人才为先，盘点招聘

为解决"如何识别人才"的难题，纪总利用"人才九宫格"对现有人才队伍进行盘点（见图1）。从工作业绩和综合素质两个维度评估员工：工作业绩以年度 KPI 完成率为核心，包括产量、质量、成本等硬性指标；综合素质则是涵盖企业核心价值观的软性指标，由直接上级、同事和下属共同评分。根据评估结果，可将员工分为九类：右上角"明星员工"重点培养，优先晋升；右下角"待改进员工"纳入培训计划，3个月内未达标则进行调岗。2022年首次盘点后，4名"明星员工"被提拔为班组长，8名"待改进员工"通过转岗找到更适合的岗位。

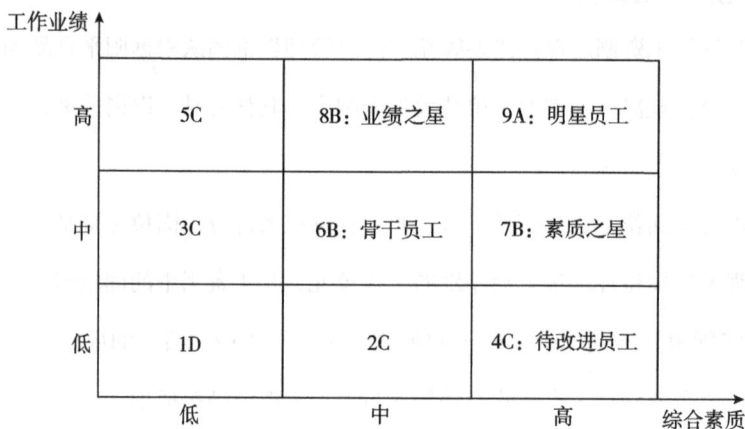

工作业绩

高	5C	8B：业绩之星	9A：明星员工
中	3C	6B：骨干员工	7B：素质之星
低	1D	2C	4C：待改进员工
	低	中	高 综合素质

图 1 阳平食品"人才九宫格"

通过人才盘点还发现，阳平食品还缺少优秀的管理人员和专业技术人员。纪总又指示慧仕盈科的猎头团队在一年内先后协助阳平食品引进了优秀的生产、采购、质量、仓储和研发人才，使阳平食品的发展动力十足。

4. 加速发展，绩效落地

为提升管理效能，阳平食品全面推行绩效管理体系，将"发展基因"写入企业日常管理是薪酬制度和定岗定编制度的保障。纪总为阳平食品的绩效管理方案确定了三大原则，分别是：聚焦原则，聚焦战略、聚焦业务、聚焦岗位核心工作；发展原则，绩效管理关注发展和提升性工作，而非日常常规性工作；挑战性原则，对日常常规性工作设置挑战性目标值。根据三大原则，阳平食品每月优化各部门、各岗位 KPI（关键绩效指标），通过绩效机制公司自上而下下达 KPI、员工自下而上发起 KPI，从两个角度同步推进变革，保证企业对关键工作的始终掌控。每月初，阳平食品对上月绩效管理工作进行总结和复盘，优化绩效管理体系，提升管理效果。阳平食品的绩效管理体系以"指标制定—过程管控—评估反馈—绩效激励"为程序，形成 PDCA 动态循环，进行全过程绩效管理。

通过将绩效管理制度与业务发展深度结合，阳平食品成功将管理者的目光和精力聚焦到了管理提升上。企业管理局面彻底扭转，由原来的总经理推动发展，转变为总经理推动与管理团队拉动形成合力，共同聚集势能。新的管理创意和管理成果也随之不断涌现。

5. 文化铸魂，培训育人

（1）"阳平二十一条"。

在纪总的推动下，阳平食品召开了为期两天的企业文化共创会，董事长、总经理与各部门经理、骨干共同参与。经过激烈讨论，确立了"诚信、务实、专业、创新"的核心价值观，并细化为"阳平二十一条"的解读方案（见图 2）。

诚信： 诚信经营； 企业最大的诚信，是制造出让客户信赖的产品； 恪守职业道德，廉洁自律； 遇到问题坦诚沟通，公开讨论，及时解决； 给予员工可操作性的工作反馈	务实： 保持危机意识； 日事日毕，日清日高； 工作以结果为导向； 脚踏实地，坚持不懈； 每个"阳平人"都应该知道自己的工作和公司利润之间的关系； 勇于担当
专业： 成为终身学习者，不断获取新技能和积累新经验； 帮助员工从事自己擅长且喜欢的工作； 管理者最重要的工作是建立一支卓越的团队； 要善于发现问题，并能够跨部门解决问题； 细节决定成败	创新： 客户的需求是创新的原点； 保持好奇心，不断从事创造性的工作； 重视每位员工的工作建议； 追求简单，追求高效； 变革必然发生，学会拥抱变化

图 2 "阳平二十一条"

（2）阳平商学院。

为提升员工能力，阳平食品成立了阳平商学院，并设置三大课程体系：①新员工训练营，包含企业文化、岗位技能、安全操作等，为期两周，考核通过后方可上岗；②管理者进阶班，与高校合作开设MBA课程，中层以上管理者每年必须完成40课时的学习，任总亲自担任"战略管理"讲师；③技术创新工作坊，每月组织一次，鼓励跨部门合作，例如，生产部与研发部联合开发的"低温烘焙工艺"使谷物粉保质期延长30天。此外，阳平食品推行"每日读书+跑步"计划，员工每天在企业微信打卡，管理层定期参加户外拓展和研学活动，营造健康向上的文化氛围。

四、变有所成，继往开来

2022年底，任总看着高涨的产能报告以及攀升的盈利数据，心中不禁发出感叹：我们这一年的努力没有白费。这一套"组合拳"打下来，阳平食品构建了全新的人力资源管理体系，协调了生产端和销售端的发展。阳平食品牢牢抓住了以人为本的变革之道，管理层的学习力逐渐提高，团队工作的积极性变强，并由于始终坚持共创共建，幸福感也越来越强，"阳平人"一步步走上了康庄大道。企业的销售额始终保持增长态势，利润率也得到了提升，达到了行业平均水平。企业生产效率提升了20%，订单交付周期从15天缩短至7天；产品不合格率降至0.8%；库存周转率提高30%，仓储成本下降25%；员工年度综合离职率降至5%，核心人才保留率达95%；员工对企业文化的认同度从65%提升至90%。阳平食品连续两年获评区域最佳雇主品牌。

任总深知，变革不是终点，而是起点。回顾变革之路，任总感慨地说："当初请管理咨询公司是我们做出的一个非常正确的决策。现在明白，人力资源管理不是简单的招人、发工资，而是要构建一套'选、用、育、留'的系统，用机制激发人的潜能，用文化凝聚人心。未来，我们要做'永续变革'的企业，让百年老字号在新时代焕发新活力。"

启发思考题：

1.初创阶段的阳平食品人力资源管理有哪些特点？是如何过渡到集体化阶段的？

2.阳平食品原有的生产员工薪酬制度存在什么问题？是如何通过薪酬改革解决这些问题的？

3.人才盘点对企业有什么作用？

3

财务管理

"股"励员工"筹"之有道——
股权激励下 H 公司管理层持股的筹划之路 [①]

摘要：本案例描述了 H 公司为了优化公司员工激励机制，在实施公司管理层股权激励方案过程中合理选择持股架构的事迹。H 公司的创始人开股权激励之先河，将自己 15% 的股份奖励至企业管理层名下。在实施股权激励 3 年后，H 公司的 IPO 上市，面临复杂监管及运营新规。为满足上市要求，H 公司不断优化管理层持股方式，由个人直接持股转为公司平台持股；进而又考虑到管理层股票行权和限售股解禁之时面临企业所得税与个人所得税双重课税负担，经过多次专家咨询和研讨，最终将管理层持股架构变为有限合伙架构，实际操作过程中将持股公司迁至西部 X 省并将公司性质变为有限合作企业。本案例旨在辩证地分析各种股权架构的优劣及其适用企业情况，希望可以为其他企业提供极具价值的借鉴范例。

关键词：股权激励；股权架构；税收筹划；有限合伙

The Way to Motivate Employees with Stock Incentives: The Planning Path of H Company's Management Shareholding under Stock Incentives

Abstract: This case describes the story of H Company's rational selection of management shareholding structure and avoidance of huge double taxation in the process of implementing the company's equity incentive plan in order to further optimize the company's compensation and incentive mechanism. Founder G pioneered equity incentives by rewarding 15% of his shares to the management of the company. Three years later, IPO listing faces complex regulatory and operational regulations, and in order to comply with listing requirements, the management's shareholding method

---

① 本案例由聊城大学商学院张廷辉副教授、2024级MPACC吴旭鹏、杜文元共同撰写。由于企业保密的要求，在本案例中对有关名称、数据等做了必要的掩饰性处理。

will be changed from individual direct shareholding to shareholding by holding companies. However, considering the dual taxation burden of corporate income tax and personal income tax faced by the management team during the exercise of stock options and the lifting of restricted shares, Chairman G and senior executives conducted multiple expert consultations and discussions, and ultimately changed the management's shareholding structure to a limited partnership structure, relocated the holding company to X province in the west, and changed the company's nature to a limited partnership enterprise. This article aims to dialectically analyze the advantages and disadvantages of various equity structures and their applicable enterprise situations, hoping to provide valuable reference examples for other enterprises.

Keywords: Equity Incentive; Ownership Structure; Tax Planning; Limited Partnership

案例正文:

"股"励员工"筹"之有道——股权激励下H公司管理层持股的筹划之路

引言

以史鉴今,资政育人。

H公司是一家生产安防设备的技术型公司,其主营业务涉及安全监控、视频技术及相关解决方案,后经不断发展,成为引领智能物联新未来的高科技上市公司。应该说H公司的高质量、可持续发展得益于不断完善的体制机制建设。作为一家高科技公司,H公司在发展历程中不断通过股权激励计划有效地吸引和留住优秀人才。为了优化公司的薪酬与激励机制,H公司通过实施股权激励,将员工利益与公司利益更紧密地联系在一起,由此提高了员工的归属感和忠诚度,适应了市场变化和自身发展的需要,为公司的长期发展奠定坚实的人才基础。

股权激励的过程同时也是公司股权结构不断优化的过程,这些变化不仅提升了公司的管理水平和运营效率,而且为股东创造了更多的财富。那么,这么一家相当"牛"的企业在其股权激励及股权架构优化过程中遇到了一些什么难以抉择的事情呢?下面我们就一起回顾H公司在第一次进行股权激励过程中面临的管理层持股架构的抉择之路。

一、股权激励造就安防界科技巨头

1. 公司介绍

21世纪初,一家名为H公司的安防设备企业悄然诞生,由国有企业HK信息技术股份有限公司(51%)、自然人G总(49%)分别出资255万元和245万元共同设立。H公司专注于技术创新,特别是在安防和智能物联领域耕耘二十余年,在国内外设有广泛的营销服务网络。

从 H 市亚运会的安保工作，到 H 市 G20 峰会的圆满落幕，再到北京奥运会的精彩瞬间，随处可见 H 公司的身影，其产品和解决方案也已应用于全球 150 多个国家和地区。它用科技的力量，为每一次盛会保驾护航，也为社会的安定与和谐贡献自己的力量。

H 公司的发展可以分为三个阶段：2001—2010 年，主要生产视频压缩板卡和录像机产品；2011—2017 年，利用 IPO 募集资金进行产能扩张和项目研发，成为全球视频监控领域的领导者；2017 年至今，从网络高清视频监控转向智能物联网解决方案，提供从前端感知到传输、存储及综合管理平台的全套服务。H 公司的主要业务——传统安防服务包括视频监控、存储设备、综合管理平台等，占公司总收入的 80%；创新业务包括机器人、智能家居、热成像、汽车电子等，近年来呈现高速增长态势。H 公司的营业收入从 2010 年的 170 亿元增长到 2023 年的 800 亿元，整体呈上升趋势。

从行业的角度来讲，H 公司主要的安防视频监控产品属于电子类产品，生命周期较短，一般为 3~5 年，而且下一代产品与上一代产品具有一段重叠期，实际有效生命周期更短。因此，安防视频监控产品具有技术水平发展快、更新速度快的特点，这就意味着如果要保持企业竞争力，必须不断投入科技研发，不断推陈出新，跟上更新换代的步伐。所以，人才与创新对于 H 公司来说至关重要。

2. 创始人"一掷千金"的股权激励佳话

1986 年，当时的 G 总刚从 H 大学毕业，主要在广州和香港等地从事产品和技术工作。1995 年，他与合作伙伴成立了生产手机即时计费系统的 DK 通信技术有限公司。2001 年，G 总借着在 DK 通信技术有限公司等公司积累的工作经验，与 HK 信息技术股份有限公司共同出资成立了 H 数字技术股份有限公司。

H 公司创始人 G 总是以天使投资人身份投资 H 公司的，作为曾经的创业者，G 总多年企业投资的经验使其对企业股权激励有自己独到的见解，其最明白没有什么比团队合理持股、股权架构健康更为重要的事了，这些布局是从根源上解决团队战斗力问题的良方。在 H 公司创业初期，G 总"逆常理行事"，无条件地支持、配合创业团队，做到公司需要时参与管理，一旦团队成熟、业务上轨道，又不失时机地淡出。

2010 年，G 总就开始考虑通过股权激励的方式调动全员积极性，通过员工与企业利益捆绑的方式实现共同发展。为了优化公司的薪酬与激励机制，在 H 公司当年的董事会上，经过深思熟虑的 G 总掷地有声地承诺：若公司在未来三年经营业绩达标，他将参照公司原始投资成本向经营团队转让部分股权，也就是说，三年后他个人自愿拿出 15% 的股权转让给大家。不管三年后的股价涨到多少，都按 2010 年的净资产，也就是每股注册资本 1.98 元（共计 75 万元）的价格进行转让。有了期权的激励，高管们干劲十足，2013 年的财报显示，H 公司业绩达到预期目标。

H 公司于 2013 年开始实施股权激励计划，采用的是限制性股票的模式，即允许员工在规定时间内按五折的价格获得股票，在 2 年、4 年、6 年后可以卖出一部分，而解锁期设定为 3 年，每年解锁的比例分别为 40%、30%、30%。2013 年 11 月，G 总将所持的 15% 股权以 75 万元的价格转让给管理层。此时，H 公司的净资产已经超过 6 亿元，而 15% 股权的实际转让价值远高于 75 万元，相当于 G 总将大量的财富以股权激励的形式送给员工。

3. 管理层持股方式面临抉择

2013 年 11 月，在 H 公司得到了长足的发展后，49 名高管虽然迎来了丰收的喜悦，公司要进行创业以来的第一次股权变更，15% 的股权要面临进行工商过户了，但在具体的持股形式上，却面临着不同选择下截然不同的后果。

以 G 总为代表的公司高层对股权激励后的股权架构能否满足公司未来发展，尤其是 IPO 目标产生了顾虑与疑惑。关联交易、同业竞争、主体资格、税收等问题是中国证券监督管理委员会发行审核委员会关注的重点问题。而这些问题的共同点和公司的股权结构有关系，公司的股权结构决定了这些问题会不会成为企业成功上市的实质性障碍。厘清公司的股权结构，一是有利于企业的创始人 / 控股股东有效地控制公司，二是有利于得到资本市场的认可，三是有利于企业成功过会。同时，从税收角度考量，管理层持股方式不同也会对限售股解禁的税负产生重大影响，高额的公司税与个税重复征收是高管们套现时所不愿面对的。因此，如何更好地设计管理层持股架构及实现激励员工目标，同时保持公司的稳定发展目标，成为摆在 H 公司面前的一大挑战。

二、管理层持股：探索与优化

1. 最初的考虑：直接持股架构的优劣对比

针对以上问题，为了配合公司 IPO 计划及未来管理层行权，G 总与 H 公司管理层就个人直接持股和持股平台间接持股等不同持股方式进行了深入的探索与抉择。

H 公司首先想到的是直接持股架构，即员工直接持有公司的股份，这种方式有助于增强员工的归属感和信任感。从被激励员工的角度讲，直接持有 H 公司的股权最为有利。自然人直接持股，不涉及中间层级，股权转让时的个人所得税计算也较为直接，避免了复杂的税务计算，降低了税务风险，并且，这种架构简单明了，股权关系直接，易于理解和操作。但作为天使投资人的 G 总，具有丰富的公司治理经验，他从公司治理的角度出发，认为直接架构虽然可以带来税负的降低，但可能面临以下问题。

（1）公司管理及法律合规上的复杂性。在股份公司层面，在改制重组、IPO 等重大事项中，哪怕有一个小股东不同意签字，在实际操作中也会导致该事项进展暂缓，只能解决完他们的诉求才能继续。

（2）股权分散影响公司决策效率和股权的安全。过于分散的股权架构，将使公司面临着上市后控股股东、实际控制人等股份被稀释的风险。而如果将这些人全部放在一家公司然后对上市公司持股，那么控股股东的持股比例就会高很多，对外并购股权支付的空间就会大很多。

（3）调整公司股权比较复杂，不利于对拟上市公司的股权进行管理。由于股份公司发起人在上市前一年内不准转让。若将可能进行调整的投资者（例如，需要进行业绩考核的管理层，需要针对其带来资源效果对其股权进行调整的投资者）纳入控股公司而不是股份公司，可以在控股公司层面对其股份进行调整，从而间接达到调整股权结构的目的。这种方式在上市前和上市后均可以实现，最典型的措施就是股权激励。在拟上市公司层面对管理层的股份进行调整时，既需要考虑被调整对象是否同意，还要考虑调整的价格，且控股股东没有优先购买权。若是放在控股公司那么受到的约束就相对会少一些。

（4）不利于对上市公司人事进行安排，不利于保持上市公司管理层的活力。在很多公司上市时，上市公司的管理层长期跟随实际控制人、控股股东，在将公司做大做强并能够实现上市的过程中作出了巨大贡献。但是上市成功之后，这些持有上市公司股份的管理层功成名就，推动公司大力发展的动力不足，但还占据着董事、监事、管理层的高层位置，实际控制人也不好换人。而上市几年，为了公司的发展作出了巨大的贡献且有能力和冲劲的中层干部的晋升通道被堵死了。

综上所述，对于高管来说，直接持股架构确实是良策，不仅税负低，而且上市后股票登记在自己名下，想抛就抛，特别便利。可是采用了直接持股架构，公司将面临名下 49 名高管股东的管理成本与运营成本的上升。每次或大或小的会议，只要 49 名高管中少一人参会，公司的决策就是违反法律程序的，这将大大地增加管理成本，这对于目前处于成长期的公司来说，十分不利。另外，就短期来看，管理层持有股份不会立即变现，那么每年 H 公司的股息红利分红可以像蓄水池一样放在持股平台公司里，可以延迟缴纳个税，而在直接持股架构下，管理层股东取得分红时需要直接面对个人所得税的缴纳，由企业按照股东取得分红金额的 20% 代扣代缴个人所得税。

2. 持股方式首次抉择：从直接持股到间接持股的转变

经过上次的股权激励方案与各管理层讨论，虽然各方未就员工持股架构方案形成最终结果，但大家已经有了初步认识，G 总及 H 公司管理层锁定了新的股权架构解决方案——成立持股平台公司为管理层间接持股。

间接持股架构就是借助一个或多个中间实体（如持股公司）来间接持有公司的股权。让员工成为持股平台的受益人，而不是直接成为公司的股东。这种架构为公司提供了更多的灵活性和隐私保护，可以在一定程度上避免股东信息的过度曝光。另外，间接持股也有助于公司进行更复杂的资本运作，如合并、分拆等，这些操作在直接持股架构下可能会更加复杂和烦琐。

分红方面，如果是自然人持股，须就分红所得缴纳 20% 的个人所得税；如果持股主体是有限公司，按照税法，居民企业无须缴纳企业所得税，但最终个人股东获取所得时，仍须缴纳 20% 的个人所得税。卖股方面，也就是股权转让，如果是自然人，按股权转让缴纳 20% 的个人所得税；如果转让主体是有限公司，须缴纳企业所得税，最终股东取得该收益时仍须缴纳 20% 的个人所得税。通过有限公司持股需要双重缴税，即 25% + 15% 的税负，而自然人持股只需要一道税，也就是 20% 的税。比较来看，通过自然人直接持股是有税负优势的，这不就意味着所有股权设计如果通过自然人直接持股会更有利吗？然而，实践中多数企业却选择持股平台间接持股，原因是什么呢？

这主要从股东收益的两个去处分析：一个是个人消费，另一个是做再投资。相较于自然人直接持股，间接持股公司做主体可以当作一个"免税资金池"，进行分红免税再投资，这主要就是利用居民企业之间产生的股息、红利等权益性投资收益无须纳税的相关法规；如果是自然人直接持股就无法享受这个优惠，收到分红时要缴纳 20% 的个人所得税。实体公司注销时，股东可用投资损失抵税。现在投资创业失败亏损概率很大，通过间接持股方式可以将在被投资企业的投资亏损在有限公司进行税前抵扣；如果是自然人直接持股亏损则无法弥补抵税。另外，不同的持股阶段，持有的标的公司是非上市公司还是上市公司，对应的主要诉求不一样，导致的税负也不一样，做筹划时要根据不同条件来做判断。

经过管理层深入地探讨，G 总召集公司高管及核心员工召开了股权激励大会，最终，从公司长远发展的角度思考，H 公司股权激励方案选择了 49 名高管的管理层持股平台公司作为间接持股架构。G 总兑现承诺，将 H 公司 15% 的股权以 75 万元的"白菜价格"转让给 WX 投资公司，另将 5% 的股权以 2520.28 万元（以 2007 年底净资产作价）的价格转让给 H 市 KP 投资有限公司。这两家公司都是 H 公司的员工持股平台。通过设立员工持股平台，H 公司的创始团队终于有了股权，这一传统也被 H 公司一直保留下来。此后每两三年，H 公司都会实施一次股权激励，至 2017 年初，因股权激励受益的员工约 5000 人。可以肯定的是，正是大手笔的股权激励让 H 公司的高管和员工干劲十足，也让 H 公司在国企中出类拔萃。截至目前，H 公司一共实施了五期的限制性股票激励计划。经过了这五期的股权激励，H 公司的管理层和核心技术人员均获得了公司股份，从而与公司形成了更加紧密的利益共同体。

这一选择可以说是在特定的历史时期，针对特定的公司情况，做出的最明智的选择。它既解决了员工激励的问题，又避免了直接持股可能带来的管理复杂性和潜在风险。通过间接持股的方式，H 公司成功地平衡了激励与控制，不仅实现了对高管团队的有效激励，而且为公司未来的发展奠定了坚实的基础，为公司高质量发展及可持续发展提供了强大的推动力。

三、有限合伙持股平台：权衡利弊后的明智决策

1. 应对税务风险，筹划需求显现

2013 年，H 公司敲钟上市，上市后的 H 公司市值一路狂奔，只用了 3 年便成为深圳证券

交易所中小板的"市值王"。2017 年 5 月，限售股解禁，被激励的高管心里充满了马上可以减持套现的喜悦。但喜悦总是短暂的，高管的心情很快就被税收的阴云所笼罩。因为把 WX 投资公司作为持股平台，高管的减持路径是，WX 投资公司先把股票卖掉，再把卖股票的钱分给高管。按照这个路径，WX 投资公司转让股票收入，需要缴纳 25% 的企业所得税；WX 投资公司再把分红给高管，高管还要按"股息、红利"所得再缴纳 20% 的个人所得税。两道税缴纳下来，合计税负达到 40%。股权激励作为一种长期激励机制，会使员工具有增强的归属感、促进企业长期发展。然而，股权激励在带来激励效果的同时，也涉及复杂的税务处理问题。国家在股权激励方面设置了较多的税收优惠政策，因此，企业和员工如果未能提前规划，不但不能享受到国家的优惠政策，还可能面临较大的税收风险。因此，合理的税务筹划不仅能降低企业成本、增加企业现金流、提高市场竞争力，而且能让激励机制更加有效。

作为资深的科技类企业家和天使投资人，G 总自 1994 年起，先后 4 次参与创业项目，主导和参与的个人天使投资项目近百起，在长期的投资实践中，接触过各类企业架构和商业模式。由此，他想到有限合伙架构在风险分担、决策管理等方面的优势，进而想将其应用到自己的投资布局中。

2. 深入考量，寻找有限合伙之路

经过详细分析、对比各种持股方式后，G 总及 H 公司管理层将重心放在了有限合伙企业这一持股方式上。目前来看，有限合伙企业这种持股方式有不少亮点。

与直接持股架构和间接持股架构相比，有限合伙架构下的税负确实有其独特之处，例如，它完美地将融资和"融智"相结合，有钱的出钱、有力的出力，可实现资源的优化配置。具体来看，在公司分红时，根据《国家税务总局关于〈关于个人独资企业和合伙企业投资者征收个人所得税的规定〉执行口径的通知》（国税函〔2001〕84 号）的规定，个人独资企业和合伙企业对外投资分回的利息或者股息、红利，不并入企业的收入，而应单独作为投资者个人取得的利息、股息、红利所得，按"利息、股息、红利所得"应税项目计算缴纳个人所得税，适用税率为 20%，从而避免了双重征税，减轻了税负。而在进行股权转让时，根据规定，应按照"经营所得"缴纳 35% 的个人所得税，税率仍然低于有限公司转让股权后股东再分红的税率。

从公司治理角度来看，有限合伙还可以实现"钱权分离"，有利于稳定公司的治理结构。

与有限公司相比，合伙企业具有更大的灵活性，分配机制和决策机制均可以自由约定。因此，在股权激励中，目标公司的实际控制人可以作为普通合伙人（GP）只享有决策权而不享有财产权，被激励的员工可以作为有限合伙人（LP）只享有财产权而不享有决策权。这样，虽然公司将部分股权作为激励分给了员工，但其控制权并没有削弱。

3. 破局 X 省，尘埃落定

由此，H 公司确定了优化股权架构的方向。但在实际操作过程中问题接踵而至。按照现行的法律规定，如果要把有限公司变更为合伙企业，那就只有先把有限公司清算掉，再另行设立合伙企业。此外，有限公司清算时，作为股东收回投资还须对超过原始投资部分缴纳税款。对于 H 公司的 49 名高管来说，当时的投资额仅有 75 万元，若要缴纳税款，则须按照"财产转让所得"对超出 75 万元的部分缴纳个人所得税。这对于 H 公司的高管们来说，无异于是得不偿失的。

解决之道究竟在何处呢？H 公司提出了一项可行性的方案。

翻开 H 公司年报，我们看到"股本变动及股东情况"一章中有如下文字："公司股东 WX 投资管理有限公司已于 2016 年 6 月迁往西部 X 省 W 市，并变更为 X 省 WX 投资管理有限合伙企业。……公司股东 KP 投资有限公司已于 2016 年 6 月迁往 X 省，并变更为 X 省 KP 投资有限合伙企业。"为什么 H 公司会选择迁到如此遥远的一个地方办公呢？这里面到底有什么玄机呢？

在由有限公司变更为合伙企业方面，根据 X 省工商行政管理局关于有限责任公司变更为合伙企业的指导意见，H 公司在满足相关条件后，可以按照规定的程序向登记机关申请变更登记，无须先进行注销，这便解决了变更公司性质需要缴税的难题。

4. 二次抉择，功效卓著

首先，通过有限合伙的实施，H 公司实现了"钱权分离"，大股东或管理层可通过担任普通合伙人（GP）来实现对公司的有效控制，保障了公司决策的高效与稳定；其次，合伙企业的信息披露要求相对宽松，仅需满足债权人和政府监管机构即可，这有助于保护企业的商业秘密和核心竞争力，避免过多信息泄露给竞争对手，有利于 H 公司在市场竞争中保持优势。此外，有限合伙的架构具有高度灵活性，新合伙人的加入或现有合伙人的退出都相对简便，不会对 H 公司的股权架构造成重大冲击，可以更好地适应市场变化和企业战略调整，保障 H 公司的稳定发展。

四、结束语

企业在进行股权激励实施过程中涉及复杂的股权架构设计及税务风险防范问题，好的股权架构设计可以起到事半功倍的效果。本案例中，H 公司通过有限合伙股权架构的巧妙设计，不但实现了对员工股权激励的目标，同时合理利用税收优惠政策，响应国家西部大开发等区域发展战略，将国家优惠政策转化为了企业轻装上阵的通行证，这无疑是一个双赢的结果。

总结 H 公司的股权激励持股架构筹划之路，我们可以归纳一些建议：先在公司建立之初注册直接持股架构，再调整为间接持股架构，最后根据资本战略进行调整，可以继续保持间接持股架构，也可以采用有限合伙等股权架构。虽然有限合伙企业在 H 公司股权架构调整中有一定优势，如保障控制权、激发员工的积极性、降低税负等，但也存在不少缺陷。例如，其筹划效应具有一定的相对性，在卖股和分红税负方面，相较于其他架构并非绝对占优；洼地政策收紧也会使税负增加，取消核定征收、加强监管和政策频繁调整会给企业带来困难；立法滞后也会导致分红优惠政策受限，影响企业税收筹划与资本运作；同时，LP 权益易受 GP 侵害，权力结构失衡且权益保护机制缺失，就会影响企业的长期发展。因此，企业在选择企业发展形式时需综合考量各种因素后谨慎决策。所以，总的来说，有限合伙更适合三种公司：一是公司计划上市，作为股权激励的持股平台，有限合伙增强了老板的控制权且平衡了税负；二是老板想转让股份，却不想决策权被稀释，因为有限合伙分股不分权；三是股权极度分散的公司想要引入新股东，有限合伙可以调动新股东的积极性。

综上所述，选择什么样的持股方式，主要看的还是持股目的，是为了卖股套现（如各种风险投资）还是为了成为百年老店（收益主要靠分红）。另外，股权架构不是一成不变的，投资时点不一样，诉求就会不一样，这就需要部分调整股权架构。因此，我们说，世界上没有最好的股权架构，只有适合企业本身的股权架构才是最好的架构。

启发思考题:

1. 结合案例分析 H 公司为何选择实施股权激励计划。

2. 结合案例分析股权激励的模式有哪些, H 公司采用了哪些模式。

3. 随着税收政策的收紧, 洼地政策对有限合伙企业税负产生了影响。对于企业而言, 应如何应对税收政策变化带来的风险? 如何在税收筹划中保持灵活性和适应性?

4. 结合案例分析 H 公司股权架构的变化对其公司治理结构有何影响。

5. 其他企业在选择股权架构时可以借鉴 H 公司的哪些经验?

附录

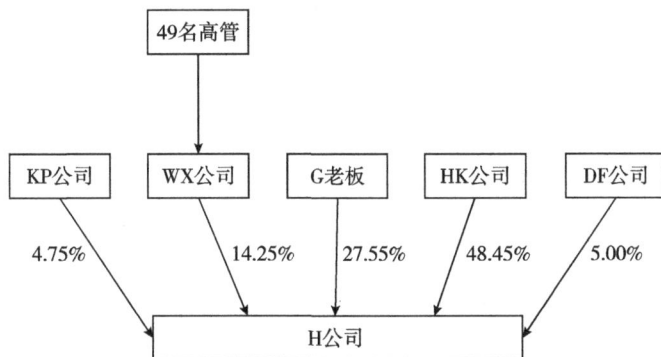

附图1 H公司股权架构

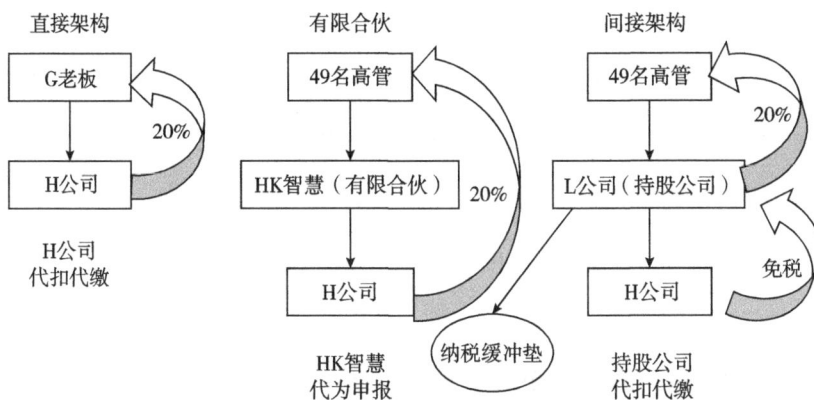

附图2 三种股权架构具体分红纳税比例

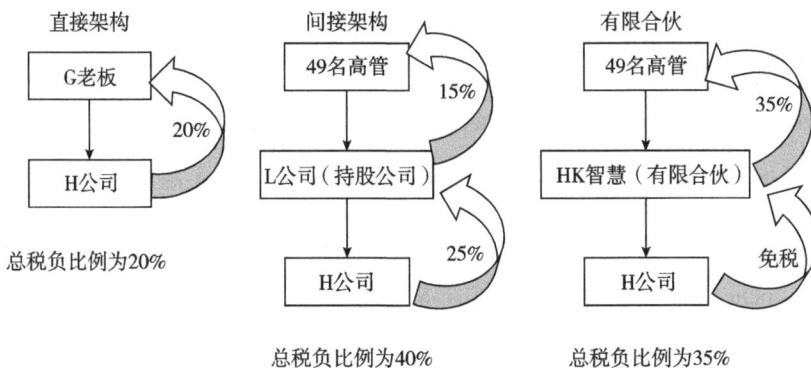

附图3 三种股权架构具体卖股纳税比例

凝聚人才，"股"上添花：

A公司的股权激励之旅 ①

摘要： 本案例聚焦A公司的股权激励实践历程。A公司作为科创板集成电路设计企业，自2019年上市后，基于科创企业对核心人才的高度依赖，结合不同发展阶段战略需求，先后于2019年、2021年、2023年推出多期股权激励计划。以第二类限制性股票为核心激励工具，覆盖董事、高管、核心技术及业务骨干等群体，激励对象超千人，占员工总数33%~50%。通过设置差异化的价格、多维度业绩考核指标，将员工利益与公司长期发展深度绑定。实施效果显示，A公司业绩显著增长，研发投入持续加码，人才稳定性提升，市场竞争力增强。本案例揭示了科创板股权激励政策（如工具创新、灵活定价等）对企业吸引人才、驱动技术创新的关键作用，其长效激励机制设计、国际化人才覆盖策略及"业绩＋个人绩效"双挂钩考核模式，为科创企业提供了可借鉴的实践范本。

关键词： 股权激励；科创板；集成电路；长效激励机制

Attracting Talent and Adding Blossoms to the "Shares": The Equity Incentive Journey of A Company

Abstract: This case focuses on the practice and evolution of equity incentives at A Company, a semiconductor integrated circuit design enterprise listed on the Sci-Tech Innovation Board (STAR Market). Since its listing in 2019, driven by the high dependence of tech innovation enterprises on core talent and aligned with strategic needs across different development stages, the company has successively launched multiple equity incentive plans in 2019, 2021, and 2023. Centering on "Type

① 本案例由聊城大学商学院周琳副教授、匡萍教授、2023级MPAcc学生赵锡钰、白雨撰写，作者拥有著作权中的署名权、修改权、改编权。本案例得到聊城大学商学院（质量学院）揭榜挂帅团队立项项目资助。由于企业保密的要求，在本案例中对有关名称、数据等做了必要的掩饰性处理。

II restricted stocks" as the core incentive tool, these plans cover directors, senior executives, core technical personnel, and key business professionals, with over 1,000 incentive recipients, accounting for 33%–50% of the total workforce. By setting differentiated grant prices and multi–dimensional performance evaluation indicators, the plans deeply bind employees' interests with the company's long–term development. Implementation results demonstrate significant corporate performance growth, sustained increases in R&D investment, enhanced talent retention, and strengthened market competitiveness. The case highlights the critical role of STAR Market's equity incentive policies (such as tool innovation and flexible pricing) in enabling enterprises to attract talent and drive technological innovation. Its long–term incentive mechanism design, international talent coverage strategy, and "performance + individual performance" dual–linked evaluation model provide a practical benchmark for tech innovation enterprises.

Keywords: Equity Incentive; Sci–Tech Innovation Board (STAR Market); Integrated Circuit; Long–Term Incentive Mechanism

案例正文：

凝聚人才，"股"上添花：Ａ公司的股权激励之旅

引言

2025 年 2 月的一天，Ａ公司的办公室里，钟总翻看着最新的财务资料，财务总监正在进行汇报："从目前的数据来看，咱们这几年持续推行的股权激励计划实施效果不错。"

钟总微微点头，示意财务总监说下去。财务总监继续道："目前公司的各项财务指标持续向好，2024 年度实现营业收入 59.21 亿元，同比增长 10.22%。其中境外业务拓展顺利，境外收入逐年上升，占营业收入的比重增大。2024 年发生研发费用约为 13.52 亿元，较上年同期增加 0.69 亿元。随着研发投入力度不断加大，研发费用增速提升，研发成果丰硕，技术人员稳定性增强，由此可见，股权激励政策较好地达到了吸引并激励人才的目的，咱们实施持续性股权激励计划的决策是符合公司长远战略的。"

财务总监走后，钟总靠在椅背上，不禁感慨万千。自 2019 年科创板鸣锣开市以来，这片"硬科技试验田"很快成为资本市场的焦点。与主板相比，科创板企业对人力资本，尤其是核心技术人员的依赖度更高。2019 年，Ａ公司在科创板成功上市后，结合企业发展战略，果断于当年 12 月首次推出股权激励计划，成为科创板率先推行股权激励的企业之一。之后基于企业的不同发展阶段，Ａ公司分别推出 2021 年及 2023 年股权激励计划，在一定程度上形成了长效的员工激励机制。那么，接下来如何根据企业自身实际，继续完善股权激励政策，让激励效果更持久、更稳定？回顾企业的股权激励之旅，钟总陷入了沉思……

一、行稳致远，成就芯片领域的创新先锋

1. 发展历程

Ａ公司成立于 2003 年，是一家专注于集成电路设计的企业，成立初期便专注于芯片研发

领域，致力于突破核心技术，提升产品竞争力。经过多年的技术研发和市场探索，A 公司逐步在多媒体智能终端 SoC 芯片领域取得优势，产品广泛应用于消费类电子设备中。随着市场需求的不断变化和技术的持续进步，A 公司积极拓展产品线，进军无线连接芯片和汽车电子芯片等领域。通过不断加大研发投入、吸引高端人才，A 公司在新领域也取得了显著进展，产品性能和质量得到了市场的认可。

在科创板上市后，A 公司借助资本市场的力量，进一步加大研发投入力度，加速技术创新和产品升级，同时积极推进国际化战略，拓展海外市场。A 公司凭借先进的技术和优质的产品，在全球范围内积累了大量优质客户，业务规模持续扩大，在行业内的影响力不断提升。

目前，深耕多年的 A 公司拥有深厚的技术积累和丰富的行业经验，专注于 SoC 芯片及周边芯片的研发、设计和销售。A 公司的主要产品涵盖多媒体智能终端 SoC 芯片、无线连接芯片、汽车电子芯片等领域，为家庭、汽车、教育、娱乐等消费类电子领域提供 SoC 主控芯片和系统级解决方案。

近年来，A 公司专注于超高清多媒体编解码、显示处理、人工智能等核心技术的开发与发掘，融合行业领先 CPU/GPU 技术为用户提供以各种开放平台为核心的完整系统解决方案。此外，A 公司不断研究开发新技术和应用领域，积极拓展智能影像、无线连接以及汽车电子领域的新市场，并促进 AI 音视频系统终端的深度发展。

2. 股权激励的行业背景

2019 年科创板正式开板，为众多"硬科技"企业提供了新的发展契机。为了服务于符合国家战略、突破关键核心技术、市场认可度高的科技创新企业，上海证券交易所于 2019 年 4 月 30 日发布了《上海证券交易所科创板股票上市规则》，从工具、规模、定价等方面对科创板公司实施股权激励的相关条款作了适当放宽，从而更有利于科创型企业进一步吸引、留住以及激励人才。

在这样的大背景下，科创板的股权激励政策也呈现诸多创新之处。科创型企业高度依赖创始人和核心技术人员，智力资本贡献价值尤为突出。与传统板块相比，科创板股权激励工具更加多元化，新增的第二类限制性股票成为众多企业的选择。这一创新工具在激励对象、授予价格、激励股票数量、锁定期限等方面都有突破。例如，激励对象范围更为宽泛，允许更多关键岗位员工参与；授予价格制定更为灵活，企业可根据自身情况合理确定；激励股票数量上限有所提高，为企业提供了更大的激励空间等。

二、审时度势，试水首次股权激励计划

1. 2019 年股权激励计划出台

2019 年全球经济形势复杂多变，集成电路设计行业竞争越发激烈，A 公司面临着前所未有的挑战。在科创板成功上市后，如何借助资本市场的力量促进企业的长远发展，成为 A 公司管理层亟待解决的问题。基于此，年末一场围绕制订股权激励计划的重要会议在公司会议室召开。

在会议室里，A 公司的核心管理层齐聚一堂，围绕即将出台的 2019 年股权激励计划展开激烈讨论。会议由钟总主持，他率先打破沉默："今年成功登陆科创板是公司发展的重要里程碑，但当下集成电路行业竞争白热化，人才争夺异常激烈。我们要想在这个行业站稳脚跟并持续发展，必须要有一套行之有效的激励机制。"

负责市场的王经理紧接着发言："钟总说得太对了。如今集成电路行业发展迅猛，对高端人才的需求极大，可高端设计人才紧缺的状况却日益严重。咱们公司要想提升市场竞争力，吸引和留住核心人才是关键。"

研发部门的李总监也表示赞同："没错，虽然目前我们的研发人员较为充足，但随着公司业务范围的不断拓展，对高端人才的需求还会持续增加。股权激励政策能让员工与公司利益紧密相连，激发他们的积极性和创造力，对研发工作的推进至关重要。"

钟总认真听完大家的发言，微微颔首："大家的观点很一致，人才是企业发展的核心动力。基于此，我们制订了首次股权激励计划，接下来让小赵给大家进行具体介绍。"

财务总监赵总监站起身来，打开股权激励方案 PPT 进行详细介绍："这次股权激励计划拟采用第二类限制性股票的方式，激励对象涵盖中层管理人员、技术骨干和业务骨干。我们设计激励计划时考虑了合适的激励力度，希望在合法合规的前提下制订出符合公司整体激励文化的股权激励计划。"

他环顾四周，接着说："首先，从财务角度来看，我们的股权激励方式在成本控制和激励效果之间找到了平衡。第二类限制性股票综合了 A 股传统限制性股票和股票期权的激励特点，

在公司确认授予时无需缴款认购，归属条件达成（业绩考核条件达成）后出资认购，授予价格相对灵活。既可以在授予价格上给予优惠折扣，又不需要员工先承担购买股票的出资压力，能更好地根据员工的贡献和市场情况进行调整。并且，以定向发行的方式获取标的股票，不占用公司的现金资源，符合公司的资本运作规划。

"其次，根据企业的发展阶段、员工的价值贡献综合考虑激励力度。公司根据员工入职年限设置不同的价格，可以体现激励计划的针对性。比如，第一类激励对象的限制性股票授予价格是参照公司 2018 年的估值水平，同时基于此类激励对象的入职时期和历史贡献设定的。第二类激励对象的授予价格是根据公司的首次公开发行价的 50% 来确定的，有利于平衡公司不同时期、不同司龄员工的激励需求。此外，激励对象包含部分外籍员工，有利于吸引外籍高端人才的加入。

"再次，将多重考核指标纳入考核体系。在业绩考核方面，计划以 2017 年和 2018 年营业收入平均值、毛利平均值为业绩基数，对 2020—2022 年各年度定比业绩基数的营业收入增长率、毛利增长率进行考核。根据这两个指标的完成情况核算归属比例，并结合个人层面的绩效考核，确保激励的公平性和有效性。

"最后，归属安排采用'2+N'模式，即 2 年等待期，且 3~5 年满足相应归属条件后将按约定比例分次归属。同时设置了预留权益，为一年内持续性激励做补充，用以激励方案推出后短期内新引入核心人员，或方案推出时未满足激励标准及已参与激励计划但在短期内做出突出贡献人员等。"

人力资源部的张经理表示赞同："老员工入职时间早，承担的风险和做出的历史贡献更高，比新员工更低的授予价格比较合理。差异化定价，有利于公司在不同时期内激励需求的平衡和过渡。这样的考核体系，既关注了公司的整体业绩，又考虑到了员工的个人表现。通过设定明确的目标，能让员工清晰地知道自己的努力方向，从而更好地将个人发展与公司战略相结合。"

钟总进一步总结道："这次股权激励计划的出台，就是为建立长效激励机制打下基础。我们要让每一位员工都清楚，公司的发展与每个人息息相关，只有大家齐心协力，才能实现公司的长远目标。各部门要密切配合，确保股权激励计划的顺利实施。"

后续经过多次会议的进一步讨论和研究，A 公司 2019 年股权激励计划正式出台，如表 1 所示。

表1 2019年A公司股权激励实施方案

公布时间	2019年12月4日
激励方式	第二类限制性股票
激励对象范围	共计395人，占公司全部职工人数的44.99%，包括中层管理人员、业务和技术骨干（以上激励对象包含部分外籍人员）
标的股票来源及种类	定向发行公司A股普通股股票
标的股票数量	800万股（其中首次授予占80.70%，预留部分占19.30%），约占公司股本总额41112万股的1.95%
有效期	6年
等待期	2年
激励对象分类	根据司龄和职位重要性分为两类： 第一类激励对象为在公司连续任职两年以上或处于紧缺职位的员工，共302人； 第二类激励对象为在公司任职两年以下的员工，共93人
行权安排	自首次授予日起3~5年，各归属期分别归属30%、30%、40%
授予价格	第一类激励对象的授予价格为11元/股； 第二类激励对象的授予价格为19.25元/股
业绩考核	公司层面：以2017年和2018年营业收入平均值和毛利润平均值为基数，对2020—2023年各年度的营业收入增长率、毛利增长率进行考核 个人层面：分为优良、合格和不合格，分别设置100%、80%、0归属比例

资料来源：A公司2019年限制性股票激励计划（草案）。

2. 2019年股权激励实施效果

（1）业绩增长显著。

A公司在实施首次股权激励计划后，成效逐步显现。从营业收入数据来看，2020年A公司营业收入达到27.38亿元，同比增长16.14%；2021年营业收入跃升至47.78亿元，同比增幅高达74.50%。

净利润方面同样表现亮眼，2020年，A公司的净利润虽因市场环境等因素下滑至1.15亿元，但在2021年爆发式增长到8.14亿元，比2020年增长了608.49%。扣除非经常性损益的净利润，在2021年也达到了7.18亿元，较2020年增长了744.90%。从季度数据细分来看，2021年四个季度营业收入分别为9.29亿元、10.73亿元、12.32亿元、15.44亿元，同比增长130.51%、97.91%、50.23%、58.68%；对应季度净利润为0.89亿元、1.60亿元、2.52亿元、3.12亿元，同比分别增长327.68%、788.73%、411.68%、143.75%。这些数据表明，实施股权激励计划后，A 公司业绩增长势头强劲，经营状况持续向好。

（2）人才激励到位。

2019 年的股权激励计划覆盖范围广泛，首次授予时第一类激励对象有 301 人，第二类激励对象有 92 人，后续预留授予又涵盖多批次人员，2020 年 6 月 29 日授予 269 人，9 月 22 日授予 33 人，10 月 28 日授予 15 人，12 月 14 日授予 71 人，2019 年激励计划实际授予人数达568 人。这些激励对象均为公司中层管理人员、技术骨干、业务骨干等核心人才。通过股权激励，将员工利益与公司利益紧密绑定，极大地提升了员工的归属感和工作积极性。

以员工离职率为例，在实施股权激励后的一年时间内，核心技术和关键业务岗位的员工离职率从上一年的 12% 降至 10.2%，有效地稳定了核心人才队伍。公司研发人员 2019 年末时有708 人，到 2021 年 6 月底人数增至 944 人。研发人员占员工总数的 81.80%，持续扩充的研发团队为公司技术创新提供了人力保障。从员工绩效考核结果来看，"优良"和"合格"档次的员工比例在激励计划实施后从 70% 提升至 80%，员工整体工作效率和质量得到了显著改善。

（3）研发投入积极。

在科技创新类行业，企业研发能力是重要的核心竞争力。A 公司在首次股权激励计划实施后，研发投入持续加大。2019 年，A 公司研发支出为 4.62 亿元，2020 年增至 5.78 亿元，2021年攀升至 9.03 亿元，同比增长 56.38%，占营业收入的比例一直保持在 20% 左右。

从研发费用的细分构成来看，人员薪酬在 2019—2021 年保持稳步增长，2019 年人员薪酬占研发费用比例是 40%，2020 年为 42%，到 2021 年占比达到 45%，这体现了对研发人才的重视与投入力度。设备购置及租赁费用等也随着研发项目的推进而增加，2021 年较 2019 年增长了约 60%。持续增加的研发投入使 A 公司在技术创新上成果不断，在智能机顶盒、智能电视芯片等核心业务领域，获得多项新的技术专利，新产品研发周期也在缩短，例如，某新型智能电视芯片的研发周期相比以往缩短了 3 个月，提升了公司产品的市场竞争力。

（4）市场反应良好。

从资本市场的表现来看，A 公司实施首次股权激励计划后，获得了市场的积极反馈。在股权激励计划公布后的一段时间内，公司股价整体呈现上升趋势。以 2019 年 12 月股权激励计划相关议案审议通过为时间节点，之后半年内公司股价涨幅达到了 30%，明显高于同期行业平均涨幅（15%）。A 公司的市值也随之增长，从股权激励计划实施前的 100 亿元增长至实施后的 135 亿元，增长幅度可观。

在市场份额方面，A 公司在机顶盒市场原本就占据近 50% 的市场份额，在股权激励计划实施后，凭借产品技术优势和市场竞争力的提升，A 公司进一步稳固了市场地位，在智能电视芯片市场的份额也有所增长。例如，在与小米、TCL 等品牌的合作中，A 公司的供应份额从之前的 30% 提升至 35%，获得了更多客户的认可，品牌知名度和行业影响力不断扩大。市场调研机构数据显示，2019—2021 年 A 公司品牌在行业内的知名度从 60% 上升至 80%，在终端消费者中的品牌认知度也有明显提升，为公司产品的市场推广和销售奠定了良好基础。

三、稳扎稳打，持续推出股权激励计划

1. 2021 年股权激励计划出台

自 2020 年起，全球集成电路设计行业整体上呈现增长趋势。我国也越发重视集成电路行业，并在金融、财政等政策方面给予大力支持，我国集成电路设计行业得到了迅猛发展。为了抓住机遇，2021 年 4 月初，一场围绕 2021 年股权激励计划制订的重要会议在 A 公司会议室召开。公司核心管理层围坐在会议桌旁，针对这份新的限制性股票激励计划展开深入讨论。

钟总主持会议，率先发言："得益于国家政策支持和巨大的市场需求，公司进入高速发展期。对咱们行业来说，未来股权激励将趋于常态化，人力资本的贡献价值会更加突出。如何让我们的股权激励机制更加符合市场化需求导向，制订新一轮的股权激励计划意义重大，赵总监先来给大家介绍下吧。"

财务总监赵总监打开 2021 年股权激励方案 PPT，详细地介绍道："首先，这次股权激励计划还是拟采用第二类限制性股票的方式，拟授予不超过 800 万股限制性股票。其中首次授予 640 万股，占本次授予权益总额的 80%，预留 160 万股，占授予权益总额的 20%。这样既能体现当下对员工的激励，又为未来吸纳新的人才做准备。其次，此次股权激励对象总人数达到 440 人，占公司全部职工人数的 49.22%，包括中高层管理人员 26 人、技术骨干 391 人、业务骨干 23 人，实现了核心员工全覆盖，有利于和核心员工形成利益绑定，助力公司可持续发展。再次，在价格设置上，与首次股权激励计划相比，在权衡了公司股份支付费用的资金压力的前提下，采用了更为谨慎的优惠价格。根据激励对象工作地的不同，此次股票的授予价格分

别为 65.08 元 / 股（适用工作地在中国大陆的 353 人）和 78.09 元 / 股（适用工作地在非中国大陆的 87 人），相对现价的折扣分别为 75% 和 90%，授予股份数量占总股本比例为 1.946%。价格折扣率较低的同时激励股份数量多，显示了公司对长期发展的信心。最后，归属安排采用'1+N'模式，即 1 年等待期，自首次授予日起 2~5 年，每年归属 25%。激励对象在每个归属期都需要满足 12 个月以上的任职期限要求。在业绩考核方面和首次股权激励计划的规定相似，结合公司层面和个人层面的考核要求，确定员工实际能归属的股份数量，真正做到激励与员工表现紧密相连。以上就是 2021 年股权激励计划的重点内容，请大家提出建议。"

人力资源部的张经理进一步解释道："公司外籍员工在技术研发和海外业务拓展上作用巨大。两次股权激励计划都包含部分外籍员工，体现了公司积极推行国际化战略和对于核心技术人才、紧缺型人才的重视，希望通过股权激励促进公司核心人才队伍的建设与稳定，助力公司向全球多媒体 SoC 龙头进发。"

研发部门的李总监发言："咱们芯片行业，高端人才是最大的竞争力，既要引进高端人才，还要让他们能安心扎根公司。我认为首期股权激励的示范作用很有效，很好地实现了招揽人才、留住人才的目标。新的股权激励计划肯定能大大增强和提高研发团队的稳定性和创新能力。"

钟总总结道："新的股权激励计划的出台，是吸引并激励人才、建立中长期激励机制的重要一环。希望充分发挥技术、业务及管理骨干的才能，加快优秀高端人才的引进，实现企业长远的发展目标。"

后续经过多次会议的进一步讨论和研究，A 公司 2021 年股权激励计划正式出台，如表 2 所示。

表 2　2021 年 A 公司股权激励实施方案

公布时间	2021 年 4 月 13 日
激励方式	第二类限制性股票
激励对象范围	共计 440 人，占公司全部职工人数的 49.22%，包括公司董事、高级管理人员、中层管理人员、业务和技术骨干（以上激励对象包含部分外籍人员）
标的股票来源及种类	定向发行公司 A 股普通股股票
标的股票数量	不超过 800 万股（其中授予占 80%，预留部分占 20%），约占公司股本总额 41112 万股的 1.95%

续表

有效期	6 年
等待期	1 年
激励对象分类	根据激励对象工作地分为两类：第一类激励对象工作地点为中国大陆，共 353 人；第二类激励对象工作地点为非中国大陆地区，共 87 人
行权安排	自首次授予日起 2~5 年，每年归属 25%
授予价格	第一类激励对象的授予价格为 65.08 元 / 股；第二类激励对象的授予价格为 78.09 元 / 股
业绩考核	公司层面：以公司 2020 年营业收入和毛利率值为基数，对 2021—2024 年每个年度的营业收入累计值的平均值定比业绩基数的增长率、各考核年度毛利润累计值的平均值定比业绩基数的增长率进行考核 个人层面：分为优良、合格和不合格，分别设置 100%、80%、0 归属比例

资料来源：A 公司 2021 年限制性股票激励计划（草案）。

2. 2021 年股权激励实施效果

（1）业绩增长态势良好。

A 公司 2021 年股权激励计划覆盖 440 人（含外籍员工 87 人），聚焦国际化人才与核心技术团队，业绩提升态势良好：当年营业收入达 47.78 亿元，同比增加 74.5%；净利润 8.14 亿元，同比增长 608.49%。2022 年受全球半导体行业下行周期影响，营业收入增速放缓至 18.73%，达到 56.7 亿元，净利润同比下滑 16.45%，达 6.8 亿元。受行业复苏缓慢的影响，2023 年上半年营业收入 29.8 亿元，同比增长 6.74%，净利润 3.3 亿元，同比下降 20.7%，增速进一步趋缓。

尽管短期承压，但 A 公司战略转型成效显著。智能电视芯片营业收入占比从 20% 提升至 25%，汽车电子芯片实现零的突破，2023 年相关业务收入占比达 8%，并与比亚迪、蔚来等车企建立合作。海外市场收入占比从 2021 年的 35% 提升至 2023 年的 45%，有效地对冲了国内市场波动带来的冲击。

（2）人才激励成效明显。

2021 年股权激励的对象拓展至董事、高管及境外团队，研发人员占比稳定在 80% 以上。2023 年，硕士及以上学历的研发人员占比提升至 55%，博士团队规模扩大至 30%。人才稳定性持续优化，核心技术人员离职率维持在 3% 以下，远低于 8% 左右的行业平均水平。2023 年，员工绩效考核优良率达 85%，较 2020 年提升 5%。激励政策进一步向国际化倾斜，非中国大陆地区的员工占比从 2019 年的约 5% 提升至 2023 年的 15%，海外团队在技术引进与市场开拓中发挥关键的作用，例如欧洲研发中心主导的低功耗芯片技术已应用于公司主流产品。

（3）研发创新成果丰硕。

2021—2023 年，A 公司研发投入累计超 25 亿元，2023 年研发费用占营业收入比重达 18%，重点布局汽车电子、AIoT 等前沿领域。

研发投入在关键领域成果显著，技术突破集中在以下三个方面。一是汽车电子芯片领域。A 公司成功开发了新一代车载信息娱乐芯片，支持多屏互动与智能座舱场景，已通过高通、联发科等头部企业的技术认证，进入比亚迪、理想等车企供应链。二是智能电视芯片领域。A 公司推出了支持 8K+AI 画质优化的 S905X4 芯片，画质处理效率提升 40%，功耗降低 25%，获得 TCL、海信等客户大额订单。三是 AI 音视频领域。A 公司研发出集成神经网络处理器（NPU）的芯片，语音识别延迟降至 50ms 以内，可应用于智能音箱、视频会议终端等场景，相关专利申请量三年增长 150%。此外，A 公司主导制定了三项行业标准，其技术话语权显著提升。

（4）市场反馈积极。

2021 年股权激励公布后，A 公司股价全年涨幅达 40%，市值突破 250 亿元，创科创板集成电路企业市值新高。2022—2023 年，虽受行业周期影响股价回调，但 A 公司在细分市场持续突破，智能机顶盒芯片全球份额维持 50% 以上，智能电视芯片进入全球前三，汽车电子芯片跻身国内厂商第一梯队；品牌国际化进程加速，2023 年在 CES、慕尼黑电子展等国际展会设立独立展区，发布面向全球市场的车载芯片解决方案，海外客户数量同比增长 20%，与索尼、LG 的合作从单一芯片供应升级为系统级方案联合开发。A 公司品牌在北美、欧洲市场的认知度从 2021 年的 30% 提升至 2023 年的 50%，为公司长期全球化战略奠定了基础。

四、聚势前行，形成股权激励长效机制

2023 年，全球集成电路市场风云变幻，竞争进一步加剧，技术迭代速度不断加快。为了持续保持行业领先地位、吸引更多的优秀人才、强化自身的核心竞争力，A 公司精心布局并陆续推出了 2023 年的第一期和第二期限制性股权激励计划，如表 3 所示。

表3　2023年A公司两期股权激励实施方案

公布时间	2023年3月9日	2023年11月25日
激励方式	第二类限制性股票	第二类限制性股票
激励对象范围	共计575人，占公司全部职工人数的42.12%，包括公司董事、高级管理人员、中层管理人员、业务和技术骨干（以上激励对象包含部分外籍人员）	共计589人，占公司全部职工人数的33.87%，包括公司董事、高级管理人员、中层管理人员、业务和技术骨干（以上激励对象包含部分外籍人员）
标的股票来源及种类	定向发行公司A股普通股股票	定向发行公司A股普通股股票
标的股票数量	490万股（本次授予为一次性授予，无预留权益），约占公司股本总额41373.4505万股的1.18%	140.7625万股（本次授予为一次性授予，无预留权益），约占公司股本总额41639.3968万股的0.338%
有效期	6年	3年
等待期	1年	1年
激励对象分类	根据激励对象工作地分为两类：第一类激励对象工作地位于中国大陆，合计490人；第二类激励对象工作地位于非中国大陆地区，合计85人	在公司授予限制性股票时和本激励计划规定的考核期内 与公司或其分、子公司存在聘用或劳动关系
授予价格	37.04元/股	32.15元/股
业绩考核	公司层面：以公司2020—2021年营业收入均值及2020—2021年毛利润均值为业绩基数，对各考核年度营业收入累计值的平均值定比业绩基数的增长率、各考核年度毛利润累计值的平均值定比业绩基数的增长率进行考核 个人层面：分为优良、合格和不合格，分别设置100%、80%、0的归属比例	公司层面：考核年度为2024—2025两个会计年度，每个会计年度考核一次，对各考核年度的芯片出货量累计值进行考核 个人层面：分为优良、合格和不合格，分别设置100%、80%、0的归属比例

资料来源：A公司2023年限制性股票激励计划（草案）。

有了之前的经验，2023年的两期股权激励计划制订得十分顺利，综合考虑了A公司发展过程中的多种影响因素，体现了公司激励文化的连续性。

2023年的两期股权激励计划均为一次性授予，无预留权益。在授予价格方面，第一期为37.04元/股，定价方法为激励计划草案公布前1个交易日股票交易均价74.08元/股的50%。第二期为32.15元/股，定价方法为激励计划草案公布前1个交易日股票交易均价63.57元/股的50.58%。这样的定价综合考虑了激励与约束对等的原则、股份支付费用的影响、员工出资能力等多方面因素，体现了公司的实际激励需求，具有合理性。

在归属条件方面，和之前的股权激励计划类似，公司层面和个人层面都有严格要求，但

2023 年第二期股权激励计划的考核指标为无线连接芯片和视觉系统芯片的出货量累计值，这是为了确保公司在关键业务领域的持续发展。

2023 年的两期股权激励计划紧密结合公司的发展战略，稳定了核心团队，在一定程度上实现了骨干员工利益与股东利益的深度绑定，有助于公司进一步形成持续的股权激励长效机制。

五、尾声

回顾过去，钟总很欣慰。从 2019 年首次推出股权激励计划，到 2021 年和 2023 年股权激励计划的持续深化与升级，A 公司不断优化股权激励政策，紧密结合行业发展趋势和自身战略目标，将员工利益与公司利益深度绑定。虽然处于竞争激烈的科技创新行业，但 A 公司通过多次实施股权激励计划，在吸引人才、推动研发创新、提升企业业绩等方面取得了显著成效。

然而，由于行业发展瞬息万变、技术创新迭代迅速、市场竞争日益激烈，A 公司面临的挑战依然严峻。随着市场环境的变化和公司规模的扩大，现有的股权激励模式、有效期设定、业绩考核指标等方面，仍有进一步完善的空间，A 公司还需要在股权激励的道路上继续探索。

启发思考题：

1. 谈谈科创板股权激励政策如何影响 A 公司的股权激励决策。

2. A 公司多次实施股权激励计划的内在逻辑是什么？

3. A 公司股权激励计划在激励模式和考核指标方面有哪些创新？

4. 如何综合评估 A 公司股权激励计划的实施效果？

4

运营管理

从"小敲小打"到精益建造——
Z 公司降本增效之路 [①]

摘要： 贯彻实施精益管理模式已成为交通基础设施建设行业实现高质量发展的重要抓手。面临路桥建设工程市场报价的持续降低，市场空间日益压缩，降本增效成为 Z 公司的必然选择。在经过了多点发力的降本增效"小敲小打"之后，Z 公司选择了精益建造管理体系助力降本增效。本案例描述了 Z 公司 2018 年以来的降本增效之路，重点介绍了其精益建造管理体系的构建与实施过程，以帮助学习者了解路桥建设企业在激烈市场竞争环境下做出的选择，引导学习者思考路桥建设企业降本增效的路径选择与实施规划，以及如何构建实施精益建造管理体系。

关键词： 降本增效；精益建造；路桥建设

From "Small Knocking and Small Hitting" to Lean Construction—
The Path to Cost Reduction and Efficiency Improvement of Z Company

Abstract: For the transportation infrastructure construction industry, implementing lean management has become an important lever for to achieve high-quality development. Faced with the continuous decrease in market quotations for road and bridge construction projects, the market space is increasingly compressed, and cost reduction and efficiency improvement have become the inevitable choice for Z Company. After multiple efforts to reduce costs and increase efficiency, Z Company has chosen the lean construction management system to reduce costs and increase efficiency. This case describes Z Company's 7-years journey of cost reduction and efficiency improvement since

---

[①] 本案例由聊城大学商学院（质量学院）刘秀红、乔美华、吴连霞、李哲、姚清振撰写。由于企业保密的要求，在本案例中对有关名称、数据等做了必要的掩饰性处理。

2018, with a focus on the building and implementation process of its lean construction management system. It helps learners understand the choices made by road and bridge construction enterprises in the fiercely competitive market environment, guides them to think about the path selection and implementation plan for cost reduction and efficiency improvement in road and bridge construction enterprises, and how to build and implement the lean construction management system.

Keywords: Reduce Costs and Increase Efficiency; Lean Construction; Road and Bridge Construction

案例正文：

从"小敲小打"到精益建造——Z 公司降本增效之路

引言

2024 年 10 月 31 日，某省企业管理现代化创新成果公布，Z 公司申报的道路施工管理创新实践作品获得一等奖！Z 公司总经理魏总正在办公室与工程副总王总和几位资深项目经理商议如何推进精益管理持续改善事宜，企业管理部栾部长兴冲冲地来到魏总办公室汇报这一获奖喜讯。魏总听后激动地说："这是对我们精益建造管理成绩的肯定，我们要坚定信心，在这条正确的道路上精益求精！"魏总之所以会如此激动，因为自 2020 年正式实施精益建造管理以来，这是 Z 公司获得的第一项省级企业管理创新奖项。而在此之前，Z 公司已获得了多项优胜工法奖项和质量管理小组成果奖。

Z 公司成立于 1997 年 7 月，主要从事公路、桥梁等交通基础设施建设。公司拥有多项资质，包括公路工程施工总承包一级、公路路面工程专业承包一级、公路路基工程专业承包二级、桥梁工程专业承包二级等资质。Z 公司先后通过了 ISO9001 质量管理体系认证、ISO14001 环境管理体系认证、ISO45001 职业健康安全管理体系认证，并加入了中国施工企业协会成为会员单位。自成立以来，Z 公司的建设足迹几乎遍布全国各个省份，2023 年实现营业收入 22 亿元。

回忆二十多年来的奋斗过程，魏总感慨良多。相较于大型央企和地方大中型上市公司，Z 公司在资金实力、技术能力和市场竞争能力等方面存在较大差距。然而，Z 公司却从最初只能在公司驻地所在地级市接到小工程，发展成为服务于全国绝大多数省份、当地路桥建设工程施工资质等级最高且种类最为全面的行业领先企业之一，精益建造管理功不可没！Z 公司 7 年来的降本增效之路，如影片般出现在魏总的脑海中……

一、市场竞争加剧，降本增效多点发力

1984 年 6 月 27 日，我国内地修建的第一条高速公路——沈阳至大连高速公路（最初为一级公路标准）动工建设。1988 年 10 月 31 日，沪嘉高速公路建成通车，成为我国内地投入使用的第一条高速公路。经过了长达 10 年之久的起步阶段，我国内地高速公路的建设于 1989 年进入了稳定发展阶段。1993 年 6 月，"全国公路建设工作会议"在山东济南召开，此次会议后全国掀起了高速公路建设新高潮。到 1997 年底，我国高速公路通车里程达到 4771 千米，10 年间年均增长 477 千米。随后我国高速公路建设进入了加速发展阶段，截至 2017 年底，我国高速公路里程已达 13.26 万千米，位居全球第一，20 年间年均增长近 6400 千米。Z 公司正是在这样的背景下成立并迅速发展起来的，其营业收入从成立之初的几十万元增长为 2017 年的 5.6 亿元。

然而，随着市场规模的扩大，行业竞争压力也日益增大。Z 公司在 2017 年参与的项目招投标过程中接连遭遇滑铁卢，项目报价高于竞争对手是其中的主要原因。面临路桥建设工程市场报价的持续降低，市场空间日益压缩，降本增效成为 Z 公司的必然选择。

2018 年 1 月，Z 公司在 2017 年度总结大会上正式启动运营效率提升改革，旨在实现降本增效。作为公司总经理，魏总和他的管理团队踏上了一条降本增效的探索之路。魏总提出，公司全体员工必须牢固树立"过紧日子"的意识，将降本增效意识贯穿经营全过程、落实到每一位员工；在行政、财务、工程等方面精打细算，坚持开源与节流并重、挖潜与增效持续深化，协同发力，压减非刚性支出，确保每一笔钱都用在刀刃上，切实将降本增效工作落在实处、取得实效。

在年度总结大会之后，Z 公司上下一心，树立起"精管理，提效能，增效益，促发展"的思想意识，在"降"字上下功夫，在"增"字上做文章，力求让降本增效在深度和广度上全面展开，有效降低管理粗放导致的"跑、冒、滴、漏"等利润流失问题，开源节流。企业管理部主持了降本增效行动方案的制定工作。公司各部门均积极响应，认真领会公司的降本增效理念，组织全体员工研讨提出的各项降本增效措施，每位员工立足本职工作探求降本增效的可行做法，正可谓"八仙过海，各显神通"。

经过部门提报、企业管理部组织审核之后，Z 公司降本增效行动方案于 2018 年 3 月正式

出炉，其中包括十几项具体降本增效措施。

技术质量部降本增效措施一：缩减项目管理费用。加强项目管理费用控制，减少临时聘用人员数量，严格控制临建标准和临建费用，精简工程用车数量，尽量做到无纸化办公，规范会议、差旅、招待审批流程，尽量减少外部招待。落实岗位责任制，各项目部根据实际情况制定相应奖惩办法，以激发项目参建的积极性和责任心。此项措施可将项目管理费用降低约5%。

技术质量部降本增效措施二：标志标牌制作分类管理。此前公司标志标牌制作均采用公司购买原材料自己制作的管理模式。由于大型标志标牌制作难度大，需多次搬运且占用空间大，因此改为集中采购直接运到现场的管理模式。小型标志标牌可以分批同型号堆放，占用空间少，制作简单，且随车吊一次（或两次）就能达到安装条件，所以继续自制的管理模式。此项措施每年可节约资金约4万元。

安全环保部降本增效措施：安全设施集中管理。对于围挡、临时标牌、导向牌、爆闪灯、洗车平台、国省道拆除的单波护栏、标识标牌等可回收重复利用的设施、材料，统筹安排，进场集中登记，先检修再分类存放，不分项目部，而是根据工程进展统一调配，不足部分集中制作或集中采购，达到充分利用集中管理的优势，降低零星采购导致的成本增加。此项措施每年可节约资金约18万元。

合同预算部降本增效措施：加强经营开发过程管理。加强投标前谈判技巧，通过协商，增加工程相关费用，提高支付比例，压缩支付周期。通过与计划财务部和技术质量部内部协同，降低融资成本和建设成本，合理增加项目收益。此项措施可将项目收益增加约2%。

人力资源部降本增效措施：加强人员能力培养。公司此前项目施工过程中标线施工与护栏施工均为临时用工，通过培训现有员工的标线施工技能与护栏施工技能，可降低临时用工数量。对于管理人员，通过培养复合型人才，让员工胜任多个岗位工作。同时，根据工程前、中、后三个阶段，随时进行人员调整。此项措施每年可节约资金约35万元。

计划财务部降本增效措施：压降财务成本。路桥建设工程资金占用规模大、财务成本高，可通过督导各项目部与客户沟通对账，及时清收工程欠款；在满足公司正常经营的情况下，可以提前偿还有息负债；积极与银行沟通申请减免优惠政策，如向基本账户开户银行申请手续减免。此项措施每年可节约资金约10万元。

此外，还涉及劳务施工、推广新能源车辆租赁、加强材料节超核算、充分利用固体废弃物等措施。Z公司刮起了一阵强烈的降本增效风。在接下来的半年多时间里，各项降本增效措施相继实施，成效也逐渐呈现。

2019年1月，Z公司2018年度总结大会如期召开。魏总首先对公司各部门在过去的半年多时间里开展的降本增效活动进行了表扬。然而，魏总话锋一转，犀利地指出了当前降本增效工作出现的关键问题：各个部门均制定了具体的降本增效措施，可谓是多点发力，但是这些措施大多执行一次之后就束之高阁，又走回原来的老路，并且大多数员工把降本增效看作一次性活动，没有认识到降本增效的长期性，没有持续聚焦本职工作可能存在的降本增效机会。这种降本增效的"小敲小打"做法如何转化为长期可为的活动？如何将降本增效活动持续推进呢？这些棘手的问题摆在了魏总和公司管理层的面前。

二、降本增效提质，精益建造管理体系助力

2019年7月20日，Y市市场监督管理局面向该市规模以上企业举办了专题培训班，主题为企业质量管理能力提升。栾部长代表Z公司参加了本次会议。会后，他向授课专家咨询了建筑业企业如何实现降本增效，授课专家建议Z公司尝试精益管理，并对建筑业实施精益管理的实践做了简要说明。这一信息给Z公司的降本增效之路指出了一个可行的方向。经过研讨，Z公司决定推行精益管理实践，并由栾部长负责组织该项实践活动。

作为企业管理部部长，栾部长只是听说过精益管理，对于其实现企业降本增效的作用有所耳闻，但是对于精益管理的基本原理是什么以及如何在建筑行业推进精益管理，可谓知之甚少。如何推行精益管理着实让栾部长犯了难。2019年9月，中共中央、国务院印发的《交通强国建设纲要》明确提出，要构建安全、便捷、高效、绿色、经济的现代化综合交通体系，实现交通绿色发展节约集约、低碳环保。该纲要的出台更加坚定了Z公司推行精益管理的决心。魏总在公司领导班子会议上重申了加快推进精益管理实践的计划，并要求栾部长尽快推进，公司将提供各种资源配合。

于是栾部长带队专程向精益管理专家请教，详细咨询了企业推行精益管理的相关事项，在此基础上，拟定了Z公司推行精益管理的基本过程：理论学习→构建体系→体系实施。Z公司组织全员学习精益管理相关知识，通过开展精益管理专门培训、读书会等活动，力促员工将精

益管理理论与 Z 公司实践相结合。随着学习的深入，Z 公司员工在学习精益管理理论在建筑业的推行实践过程中，逐渐将理论学习集中到了精益建造理论上。经过与精益管理专家沟通，最终明确把精益建造理论作为 Z 公司推行精益管理的理论基础。

1. 精益建造管理体系构建

在理论学习的基础上，Z 公司成立了由魏总担任组长，各职能部门负责人、各项目部经理为成员的精益建造管理推行小组。该小组针对公司降本增效现状开展了深入细致的调研，在专家的指导下，经过反复讨论，于 2019 年 11 月完成了精益建造管理体系（见图 1）的构建。

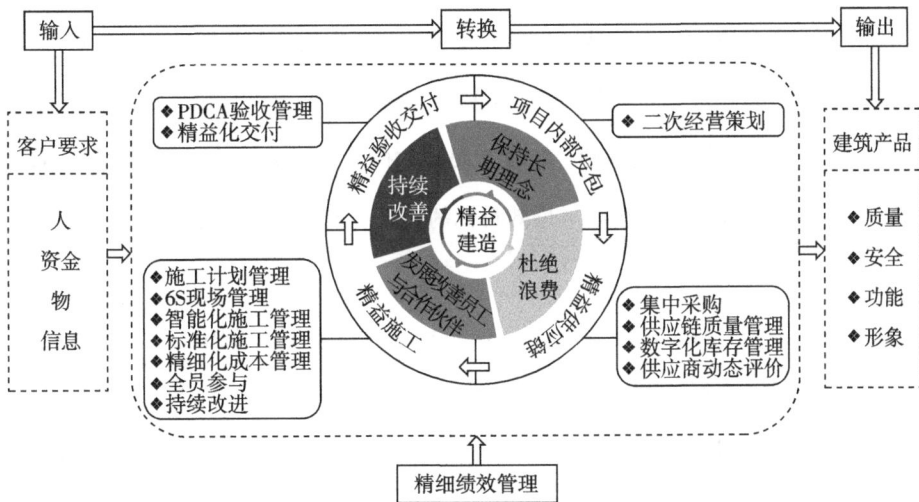

图 1　Z 公司精益建造管理体系

Z 公司精益建造管理体系强调在建筑生产过程中对转换过程、流动过程、价值生产进行全面管理，以实现客户价值最大化和生产浪费最小化。转换过程是将客户需求、人、资金、物、信息等输入建筑生产环节获得建筑产品的过程。流动过程是资金、物、信息在建筑生产过程中的流通，通过资金流、物流、信息流实现建筑产品的价值。流动过程分为增值的活动、非增值但必需的活动，以及非增值的活动（浪费）。价值生产是实现客户需求的过程，强调以客户为中心实现客户价值最大化。Z 公司精益建造管理体系通过项目内部发包、精益供应链、精益施工、精益验收交付等过程，将投入项目建设与运营全过程的人、资金、物、信息等资源转化为满足客户需求的，具有特定质量、功能和形象的、安全的建筑产品。

2. 精益建造管理体系实施

体系只有实施了才能真正发挥作用。在构建了精益建造管理体系之后，精益建造管理推行小组又组织了基层员工参与体系实施的策划活动。经过反复磋商，Z公司拟定了以精细绩效管理为保障的精益管理体系实施计划。

（1）通过培训统一思想。

全员积极参与是精益建造管理的基本原则之一。为了实现全员积极参与，Z公司于2019年12月组织精益建造专家，分两批次对全体员工进行了培训，深入且生动地剖析了精益建造管理理论，并详细说明了公司精益建造管理体系各构成部分以及实施中的注意事项。通过培训，使全体员工不仅了解了Z公司实施精益建造管理的必要性，而且理解了精益管理的基本原理，如"保持长期理念、杜绝浪费、发展改善员工与合作伙伴、持续改善"四项原则。精益建造理论是精益管理理论在建筑业的应用，其强调最大化利用建设材料和人力，消除浪费和任何无增值活动，同时交付价值给客户。这次全员参与的培训活动，为2020年1月精益建造管理体系的正式实施统一了思想，为降本增效目标的实现奠定了坚实的思想基础。

（2）项目内部发包。

建设项目内部发包，即二次经营，是指在项目中标后的实施过程中，通过对合同条款的深入理解和运用，采取合法有效的手段，增加项目收入、降低成本、提高效益的一系列经营活动。在激烈的市场竞争中，中标价格往往较低，并且项目施工过程中可能会由于地质条件变化、设计变更等原因导致工程量出现增减等情况。Z公司通过二次经营，使路桥建设项目随实际情况的变化及时调整项目策略，弥补低价中标带来的利润损失，合理增加收入，优化成本控制，实现项目盈利目标，为企业赢得更多的市场份额和良好的声誉。从降本与增收两个方面入手，Z公司在寻求更高经济效益的同时，保证最基本的施工安全、质量达标，以及工期合约的履行，有序开展二次经营工作。

2020年1月，Z公司竞标成功，签署了一项全长19千米的高速公路改建工程合同。中标后，Z公司随即组织了公司内部竞标活动。三位资深项目经理参与了本次竞标，通过提交内部竞标书和现场答辩，由评委评分后确定中标者。三位竞标者主要从工程总体施工组织布置及规划、项目重难点分析、劳务与机料管理、目标利润率及其分析等方面编制内部竞标书；由公司经营副总、工程副总、安全副总、行政副总、财务副总等组成的评委团对每位竞选者进行打分。最终，张经理因为对本工程重难点分析深入到位、利润点挖掘细致可行等优势胜出，成为了该工程的项目经理。

（3）精益供应链管理。

精益供应链不仅关注短期效益，还致力于实现长期的可持续发展，适应现代商业环境的需求，成为许多企业追求卓越运营的重要策略。Z公司于2020年4月底上线数字化平台——供应链管理系统。该系统包括采购计划、质量管理、库存管理、债务分析、供应商管理和客户关系管理等模块。通过优化各个环节的流程、降低浪费和提高效率，帮助企业实现资源的高效配置、降低运营成本、提升客户满意度和市场响应能力，从而增强整体竞争力。

对于建设项目中的主要原材料，Z公司积极实施集中采购。公司采用智慧招标系统、网络采购平台、线下询价采购等方式完成其他物料的采购任务。在选择供应商时，不仅考虑价格，还重视其质量管理能力。对潜在供应商进行严格评估，包括其生产工艺、质量控制流程和过往业绩。选择具备良好质量管理体系的供应商进行合作。此外，Z公司还引入了先进的库存管理系统，利用信息技术实现对库存的动态管理，建立了库存预警机制。

Z公司制定了严格的供应商选择标准，包括产品及服务质量、配送时效、售后服务、资金垫付能力、合同履约情况、信誉及诚信度等。根据供应商提供服务类别不同，Z公司将供应商分为Ⅰ、Ⅱ、Ⅲ三类，并对三类供应商施行动态分级管理，级数分为A、B、C、D四级。各项目部机料管理部门在采购或租赁时，应优先在供应商名录库中按A→B→C级顺序选择；对评定为D级（不合格供应商）的，三年内不再录用；对于连续三年被评为A级，并从供应商的市场地位、质量能力和服务能力进行了分析和评估的优秀供应商，经招标领导小组推荐可列为战略合作供应商。

（4）精益施工管理。

Z公司开展施工精益管理，强化项目管控策划，实现对客户需求的有效转化，明确项目建设总体目标，准确运用精益工具和方法，实现项目施工管理各环节的持续改善。

第一，项目计划管理。项目开工前对项目实施及管理进行全面策划，是明晰项目管理方向和各项管理目标的重要保证。Z公司各项目部在工程开工前，结合项目特点对施工部署、标段划分、平面布置、安全防护、材料管理等进行系统策划，编制项目策划书。施工组织设计是组织工程项目施工的基本依据，是工程项目施工技术、经济和管理的综合性、纲领性文件。施工组织设计包括编制依据、工程概况、施工部署、施工进度计划、施工准备与资源配置计划、主要施工方法、施工现场平面布置及主要施工管理计划等内容。对于关键控制性工程，需要单独编制关键工程进度计划，并对其总体进度计划及各道工序的控制日期、具体施工方案和施工方法、人力和设备配置等作出规定。Z公司结合多年项目施工管理经验，逐渐形成了由5项重点任务、17项关键环节构成的路桥建设项目精益管控清单，为项目计划管理阶段保驾护航。项目策划任务的关键环节包括制定项目策划书、编制施工组织设计、关键节点管理以及编制关键工程进度计划；过程管理任务的关键环节包括编制年/季/月/周施工计划、6S现场管理以及标准化施工监督检查；安全管理任务的关键环节包括全员签订安全责任书、编制安全检查计划与检查表，以及施工安全标准化管理监督检查；质量管理任务的关键环节包括成立项目质量管理小组、制定项目质量目标和质量计划、每月一次项目全面质量检查与总结会议，以及专业分包质量管理；成本管理任务的关键环节包括签订项目管理成本目标责任书、每月一次成本分析和成本核算例会，以及利用科创促降。

第二，6S现场管理。6S现场管理是提升施工现场管理水平的有效方式。Z公司遵循国家及地方政府有关部门颁布的施工现场管理法规、条例，以及公司质量、环境、职业健康安全管理体系文件的规定要求，通过实施整理、整顿、清扫、清洁、素养、安全六个方面现场管理内容，认真做好施工现场的管理和环境保护工作。施工现场注重场容场貌的规范，布置公司统一的标识牌、标语牌、安全责任目标牌、安全警示标牌、操作规程标牌，以及施工现场平面图、工程形象进度图、环境保护图、项目部组织机构图等标识和图表；统一规划职工驻地，做到标识明显、布局有序、安全文明、整洁卫生、环境良好。这些措施不仅塑造了Z公司的良好企业形象，而且降低了项目施工安全事故，提高了现场管理效能。

第三，智能化施工管理。随着科技的飞速发展，智能化施工管理成为现代交通建设领域的重要趋势。在当前工程技术日益智能化和精细化的时代背景下，工程机械智能化设备正以其强大的性能、精确的控制和卓越的能效在建筑行业占据重要地位。Z公司通过无人驾驶、协同调度、群控安全、智能压实和图像识别等关键技术，实现了路面施工的智能作业和数字化管理，大幅减少了作业人员的工作量，在保证安全的前提下，完成高质量、高效率的路面摊压作业。通过引入智能化施工管理技术，实现了对施工过程的全面监控和智能调度，提高了工程建设的信息化水平，促进了公路建设的高效、安全、可持续发展。

第四，标准化施工管理。标准化管理是路桥建设实现最佳秩序的有效手段。路桥建设施工过程制定统一、协调的规则，不仅能提高施工质量、保障顺利实施，而且可以确保施工安全与进度安排，实现施工效率提升。Z 公司对所有项目施工均采用标准化管理，范围从施工前的项目准备工作到工程设计审核，从路基施工、路面施工到桥梁施工等。建筑行业标准化施工管理须根据工程项目的实际情况，综合考虑不同建设条件，一般包括管理制度标准化、施工工地标准化、施工过程标准化、施工管理标准化以及施工质量标准化等。Z 公司按照建设不同的内容构建了路桥建设施工标准体系，通过标准化施工管理实现了从施工前期准备到施工技术的全方位标准化，在保障施工质量、安全和效率的同时，降低了施工风险。

第五，精细化成本管理。Z 公司项目成本管理的全过程为"制订成本计划—确定目标责任—制定控制措施—实施控制措施—核算检查—比较分析计划与实际—确定调整控制措施—再次实施控制措施"。项目经理每月组织一次成本分析和成本核算例会。成本按单位工程划分，与施工项目管理目标成本相一致，坚持形象进度、产值统计、成本归集"三同步"原则，将实际发生成本与计划成本进行比较，找出偏差并分析其原因，制定纠偏措施，预测后期成本变动趋势，提出可行性控制办法，形成《项目月度成本管理分析报告》，并上报公司技术质量部。在精细绩效管理机制的激励下，每位员工尤其是项目经理，都充分发挥自己的智慧与创意，在施工过程中的人机料各个方面践行成本节约。例如铣刨料全回收，对回收的铣刨料按比例掺入混合料后再次利用，剩余的铣刨料则对外销售。

第六，全员参与持续改进。持续改进与创新是企业永葆竞争力的根本来源，需要在实践中不断发现问题、解决问题，满足并努力超越客户的需求与期望。Z 公司充分发挥产学研平台与科创激励措施的作用，通过科技创新实现施工质量提升、废料利用、节能减排等。公司与科研团队签订内部协议，科研人员的薪酬待遇与成果转化带来的经济效益挂钩。对于取得重要科研成果且成果转化为企业效益的科研团队或个人，公司按照协议规定对其进行奖励分配，此举提高企业的科技创新能力和核心竞争力。Z 公司通过文化引领与激励机制逐渐形成了全员参与持续改进与创新的良好氛围，为企业永葆竞争力提供了不竭动力。Z 公司积极采用新技术、新工艺、新材料、新设备，开展科技示范、QC 小组、"五小创新"等行动，推广科技成果，打造专业化、区域化、规范化、自动化、信息化的智慧工地，促进科技创新，依靠科技进步，不断提高工程质量管理水平。

（5）精益验收交付。

Z公司按照PDCA［Plan（计划）、Do（执行）、Check（检查）、Act（处理）］的管理流程对工程项目验收进行精益化管理，并采用数字化管理平台助力项目精细化交付。在计划制订阶段（P阶段），Z公司从总体质量控制方案、组织及人员职责、实施流程、操作方案、质量控制工作重要进度安排等方面进行准备，完成对工程验收管理方案的建设。在计划执行阶段（D阶段），Z公司以抽检或委托第三方检测等形式，不定期对重点项目进行检查，详细记录验收过程中的各项数据和信息，包括检查结果、发现的问题等。在验收检查阶段（C阶段），Z公司将工程质量指标与质量标准、验收规范进行对比，对验收过程中发现的问题进行识别、分类和记录。在问题分析及处理阶段（A阶段），各级质量检查形成检查、整改、复查的闭环式管理。在项目保修期内，公司组织相关人员对质量缺陷整改和质保计划的完成情况进行检查，主要有以下几个方面：建立问题台账，分类厘清责任，有针对性地实施闭环整改，确保各工程的顺利交付；做好顾客满意度调查记录，并对客户、监理反馈的意见和建议进行适时的总结，以不断改进和提高交付质量。

（6）精细绩效管理。

为持续提升精益建造管理水平、实现向管理要效益、真正落实降本增效，Z公司围绕项目策划、采购、施工、验收交付全过程构建了"目标制定—过程赋能—及时考核—全面激励""四位一体"的项目绩效管理评价体系。

第一，绩效目标确定。Z公司通过内部发包确定项目经理，项目经理通过提交有竞争力的施工方案中标。之后，由技术质量部与中标项目经理和组内成员签订内部发包合同，确定工程拟达到的整体结果性效益指标和过程性管控指标，用以对发包项目进行管理和评价。

第二，项目实施与辅导。项目建设过程中，Z公司通过职能和资源平台为项目赋能助力。为促使职能部门从"单纯管理者"变为"价值创造者"，Z公司以"业务围绕客户转，资源围绕业务转"为原则，将原财务、人力等部门整合为资源共享平台。当项目组在资源共享平台发布需求任务后，职能人员根据自己的能力和时间去"竞争上岗"，其完成的效率和效益、所获得的口碑和评价将成为公司考察职能人员的KPI。

第三，分阶段绩效考核。绩效考核以项目组与公司签订合同中协商一致的绩效指标为依据，分阶段进行。过程性指标如采购及时率、成本控制率、施工进度等，根据合同确定的时间进行检查评价；结果性效益指标如项目回报率、客户满意度等，在项目交付后进行。项目考核结果可分为优秀、达标和不达标三类。

第四，绩效评价结果应用。绩效评价结果会在薪酬、职级、项目中标优先序等方面全面应用。绩效结果是项目组施工技术、项目管理水平的整体呈现，也是企业营收和利润的主要来源，对项目绩效评价结果的科学应用是促使企业整体业绩提升和人员能力提升的重要抓手。评价等级为优秀的项目组将获得"基础工资＋项目绩效工资＋董事长特别奖"；评价等级为达标的项目组将获得"基础工资＋项目绩效工资"；评价等级为不达标的项目组将获得"基础工资＋部分项目绩效工资（比例按项目目标完成度相应比例配发）"。考核结果还与项目团队职级升降、竞标优先权挂钩。此外，Z公司还设置了质量奖、创新奖等专项奖，用以奖励在项目管理特定领域作出突出贡献的团队或个人。

三、精益建造结硕果，降本增效一直在路上

Z公司精益建造管理体系于2019年11月基本形成，在几十个路桥建设项目中成功实践。通过路桥建设项目严格策划管理，严格执行项目策划书、项目施工总体工程进度计划，实现了公司路桥建设项目工程质量全部达到优良工程，项目履约率达到100%，施工现场实现规范化与文明施工，履约达到AA级标准，所有项目环境保护100%达标，无环境保护问题发生。

截至2024年11月，Z公司拥有发明专利18项，获得省级科学技术奖3项、省部级以上优胜工法8项、省级以上QC成果23项；参编国家标准4项、行业标准3项、地方标准3项、团体标准5项，主导制定地方标准2项、团体标准2项，并通过了知识产权管理体系认证。

经过多年的探索，Z公司的降本增效取得了丰硕成果。然而，此时的魏总清楚，公司精益建造管理体系实践仍存在许多有待改进的地方：二次经营绩效评价与薪酬机制需要优化、尽早启动源头采购、正式引入价值流分析以实现流程优化、施工技术还需创新、质量管理小组成果的培育与运用、适应精益建造管理需要的员工培训计划及实施……

客户对路桥建设项目的需求不断发生变化、建筑业相关技术进步层出不穷、针对建筑施工的各类政府监管政策不断推陈出新，在这些变化面前，以魏总为代表的Z公司领导层需要不断推进、持续改进。也就是说，以杜绝浪费为核心的精益建造管理一直在持续改进的路上。

启发思考题：

1. 结合 Z 公司面临的竞争环境，思考 Z 公司通过精益管理实现降本增效的可行性。

2. 结合案例分析精益建造实现降本增效的机制。

3. Z 公司精益建造管理体系的主要构成有哪些？运用了哪些精益工具？

4. Z 公司实施精益建造管理体系取得了哪些成效？

5. 思考 Z 公司改进精益建造管理体系的措施。

贯通为本，数字赋能：

G 企业全产业链数字化转型之路 [①]

摘要：本案例聚焦 G 企业全产业链数字化转型历程。G 企业身处复杂多变的市场环境，基于产业贯通诉求开启转型，旨在打破各环节信息壁垒，强化协同效应。G 企业以数字技术为核心赋能手段，前期精准投入资源，搭建覆盖研发、生产、物流、销售及售后的一体化数字平台，实现数据实时共享与流通，让各业务单元得以洞察全局：生产环节，智能制造系统提升效率与品质管控精度；物流层面，智能调度优化配送路径、降低成本。于销售端，G 企业借助大数据洞察消费者偏好，驱动精准营销。同时，企业重塑组织架构以适配数字化节奏，培育数字人才梯队以保障数字化转型的持续推进。数字化转型不仅提升了 G 企业内部运作效能，还重塑了其产业链上下游架构，增强了整体竞争力。

关键词：数字赋能；全产业链；数字化转型

Integration Is Fundamental，Digital Empowerment: The Path of Digital Transformation for G Enterprise's Entire Industry Chain

Abstract: This case focuses on the digital transformation process of G Enterprise's entire industry chain. G Enterprise is situated in a complex and ever-changing market environment, and has initiated a transformation based on the demand for industrial connectivity, aiming to break down information barriers in various links and strengthen synergies. Empowered by digital technology as the core, precise resource investment is made in the early stage to build an integrated digital platform covering research and development, production, logistics, sales, and after-sales, achieving real-time

---

① 本案例由聊城大学商学院周琳副教授，匡萍教授，2023 级 MPAcc 学生白雨、赵锡钰撰写。本案例得到聊城大学商学院（质量学院）揭榜挂帅团队立项项目资助。由于企业保密的要求，在本案例中对有关名称、数据等做了必要的掩饰性处理。

data sharing and circulation, allowing various business units to gain insight into the overall situation. In the production process, intelligent manufacturing systems improve efficiency and quality control accuracy; At the logistics level, intelligent scheduling optimizes delivery routes and reduces costs. On the sales side, leveraging big data to gain insights into consumer preferences and drive precision marketing. At the same time, enterprises are reshaping their organizational structure to adapt to the pace of digitalization, cultivating a digital talent pool to ensure continuous progress. Digital transformation not only enhances the internal operational efficiency of G Enterprise, but also reshapes its discourse power in the upstream and downstream of the industrial chain, enhancing overall competitiveness.

Keywords: Digital Empowerment; Entire Industry Chain; Digital Transformation

案例正文：

贯通为本，数字赋能：G 企业全产业链数字化转型之路

引言

　　2023 年 1 月的一天，G 企业的副总刘总看着手里的报表资料，思考着如何进一步提升业绩。随即，他通知相关部门管理层召开会议。在会议上，刘总说："想必大家已经通过报表数据了解了咱们公司目前的经营情况，今天召开会议的目的就是讨论一下我们公司是否要进行数字化转型。""必须要进行数字化转型。当前政府出台政策大力鼓励企业进行数字化发展，我们应积极响应号召；而且，我们通过数字化转型可以实现降本增效，扩大市场份额，受益良多。"市场部经理迫不及待地回答道。生产中心经理提出了反对意见："实施数字化需要公司投入更多的资源用于技术研发和设备升级以保持数字化转型的先进性和竞争力，持续的高额投入会给企业带来一定的资金压力，这将不利于我们公司的日常经营。"大家你一言我一语，讨论得热火朝天，刘总听着各部门负责人的不同意见陷入了沉思中。

　　当下，乳制品行业已然迈入全产业链竞争的全新阶段。在此格局下，各乳品企业越发将重心聚焦于奶源建设、产品研发、营销渠道拓宽以及乳制品研发与生产工艺的迭代升级，相关技术正呈现迅猛发展之势。面对规模极为庞大的国内消费市场以及日渐完备、成熟的国内产业链条，中国乳业锚定高质量发展的方向，力求凭借高品质的产品与精细化的服务，精准回应消费者日益多元且严苛的需求，从而在激烈的全产业链竞争中站稳脚跟，谋得长远发展。

　　2002 年就已经上市的 G 企业曾一骑绝尘，当年以行业第一的收入领跑全国。然而，高光时刻过后的 G 企业在众多后起之秀的紧逼下，行业地位岌岌可危。尤其是近几年，行业竞争越来越激烈，企业的净利润和营业收入不容乐观。同时，生产所需的原材料等存货在本企业整体资产中占据相当大的比例，如何更好地协调存货周转、提高生产效益越发重要。近几年，数字经济快速发展，企业数字化转型成为大势所趋。那么，在数字化转型背景下，G 企业该如何持续打造全产业链？G 企业一直在探索中……

一、稳扎稳打：铸就企业发展之路

1. 从创立到发展

G 企业于 1996 年成立，到了 2002 年，公司完成了股份制改革，并在上海证券交易所成功上市。作为中国高端乳制品的领军者，G 企业以牧业以及乳制品的开发、生产和销售为主营业务，实施"质量为先，创新驱动，品质塑造品牌"的发展战略。G 企业旗下拥有一系列知名品牌。

自 2010 年起，随着市场竞争的加剧、消费者需求及行业环境的变化，G 企业开始注重产品结构的调整和转型升级，加大了对高端产品、有机产品、功能性产品等的研发和生产投入，同时积极拓展电商渠道、开展国际化业务。G 企业投入大量资金用于研发创新，以提升产品的附加值和竞争力，同时不断完善营销和渠道建设。凭借强大的科研实力与质量管理，G 企业一直是全国鲜奶市场上的佼佼者，致力于从牧场到终端打造全产业链，确保产品与服务的高品质。

"十四五"期间，G 企业在 2023 年年报中提及未来的战略目标时，充满信心。在构建国内国际双循环的新发展格局下，G 企业将坚持"稳固上海市场，强化华东优势，优化全国布局，以新鲜为乐"的发展战略。以高质量发展为引领，围绕"打造新优势、激发新活力、开拓新领域"的工作目标，不断完善供应链保障体系，提升市场供应能力；通过数字化转型，推动管理创新，提升运营效率，实现商业模式的转型升级，全面增强企业竞争力；以满足消费者需求为核心，持续加大科技研发投入，探索前沿技术的应用；坚持"走出去"战略，通过内生增长和外延拓展双轮驱动，塑造行业发展新生态。

2. 组织结构服务发展需求

G 企业的组织结构（见图 1）在其发展进程中起着至关重要的作用，并持续服务于企业的多方面发展需求。

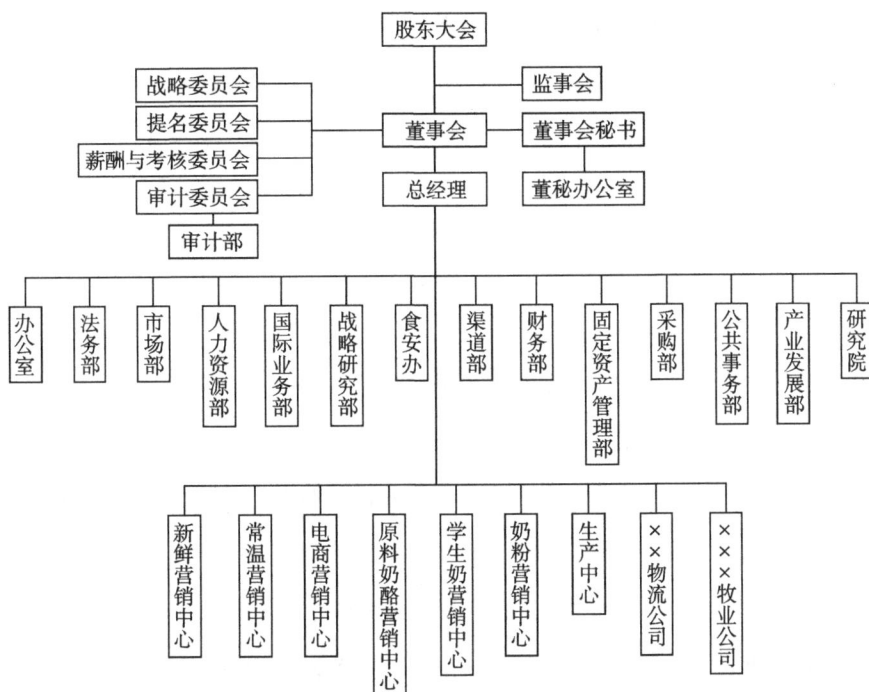

图 1　G 企业组织结构

资料来源：G 企业公告。

　　从高层管理架构来看，设有董事会、监事会等治理主体，这种架构为 G 企业奠定了稳健的治理基石，保障了战略决策的科学性与合规性。例如，在面对重大投资决策，如新建生产基地或并购其他乳业资产时，董事会能够综合多方面因素进行严谨审议，从宏观战略布局到微观财务评估等，确保决策有利于企业的长远发展；而监事会则在过程中监督程序的公平性与合规性。

　　研发部门专注于产品创新与技术升级，如针对特定人群的营养强化奶、低糖低脂奶制品以及具有特殊功能的发酵乳等。其组织结构的灵活性体现在与高校、科研机构的合作模式上，通过建立联合研发实验室、产学研合作项目等方式，引入外部智力资源，加速创新进程，以满足市场对高品质、差异化乳制品的需求，进而提升 G 企业在产品端的竞争力。

　　生产部门构建了完善的生产体系，涵盖奶源采集、加工制造、质量检测等环节。为保障奶源供应稳定与质量安全，生产部门在奶源基地布局上采用集中与分散相结合的模式，既建立大规模的现代化牧场，又与众多中小规模养殖户合作，通过技术指导、质量监控等手段确保奶源质量统一。在加工制造环节，根据不同产品种类与工艺要求，划分不同的生产车间与生产线，实现标准化、高效化生产。

营销部门在传统营销渠道方面设有区域销售团队，负责与各地经销商、零售商建立紧密合作关系，深入拓展商超、便利店等终端市场，确保产品铺货率与市场占有率。随着电商与数字化营销的兴起，营销部门新增电商团队，专门负责线上平台运营、网络营销推广、电商渠道客户服务等工作。通过与各大电商平台合作开展直播带货、线上促销等活动，挖掘线上消费潜力，助力 G 企业扩大品牌影响力与市场覆盖面。

二、蓄势待发：探寻数字化转型路径

通过多次的沟通交流，刘总等企业高层都意识到传统的生产运营模式已难以满足企业发展需求。管理层一致认同持续推进企业数字化转型，打造数字化全产业链，以提高生产效率。

G 企业设立了"1+2+3+4"的目标，即建设一个全产业链大数据平台，贯通消费互联网和工业互联网形成"两网融合"，打造企业数据、知识和算法三项能力体系，支撑奶源管理、生产制造、物流配送、零售终端四大领域数字化应用，以此实现全产业链设备互联、数据互通、智能协同。

1. 数字化转型路径

（1）推动商业模式数字化。

在数字经济蓬勃发展的浪潮下，消费者的购物偏好日益倾向于线上渠道。G 企业全力打造并持续优化其线上订购系统——"随心订"，该平台不仅涵盖乳制品的订购服务，还拓展至新鲜蔬菜、猪肉等生鲜商品的购买，成功构建了线上线下无缝对接的新零售生态。此外，通过增设在线客服功能和提供物流配送信息追踪服务，G 企业显著提升了用户的购物体验。

值得一提的是，2018 年，G 企业与阿里巴巴等电商巨头建立了战略合作关系，携手其经销商网络全面接入零售平台。借助云计算、人工智能及中台技术的强大支撑，G 企业融合了阿里巴巴在新零售、支付解决方案、物流体系及智慧门店管理等方面的先进优势，将其"随心订"平台的配送专长与电商平台的广泛影响力相结合。在此基础上，G 企业创新推出了智能化无接触奶箱服务，旨在为消费者带来更加便捷、安全的消费体验，让传统品牌在数字化转型中焕发新生，赋予消费者"老"品牌中的"新"享受。

（2）构建数字化产品追溯系统。

乳制品因其独特的保质期及分销渠道的特殊性，对食品安全的要求尤为严格，而生产透明度及产品详尽信息对于赢得消费者信任至关重要。为此，G企业采纳了一物一码追溯体系，精心构建了覆盖乳制品全产业链的追溯生态系统。该系统以全产业链的深度整合为核心，致力于强化综合管理、提升质量水平、优化生产效率、增强营销效能，并依托大数据实现智慧决策，率先在全球范围内建立了低温液态奶的全产业链可追溯体系。

该体系将追溯功能与管理机制相融合，采用包装预赋可变二维码技术，并与政府监管平台实现对接，确保整个生产流程可追溯。这些独特的二维码如同每个产品的唯一身份标识，G企业通过数字化系统详细记录产品生产的每一步骤。消费者只需使用手机扫描包装上的二维码，即可洞悉产品从牧场饲养、工厂加工、包装入库直至打包出库的全链条信息。

除了在小规格利乐包上应用二维码追溯，G企业还创新性地在外包装箱上采用UV喷码机打印二维码，实现箱包信息的精准关联，有效避免信息混淆，确保奶源品质的纯净。整个追溯系统的运作流程如图2所示。

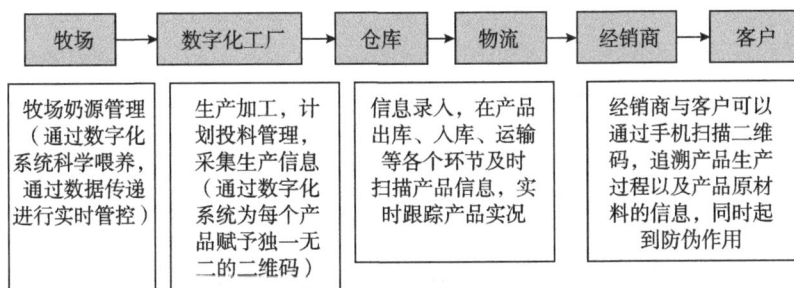

图2　G企业追溯系统运作流程

资料来源：《中国管理会计》2023年第4期。

更进一步，G企业将溯源码与优惠机制相结合，创建了与消费者的互动平台。消费者在扫码时有机会获得随机红包，既增强了消费者的参与感，也实现了商家与消费者的双赢。通过数字化手段实现对奶源的追溯，G企业不仅确保了产品质量的稳定可靠，还提升了信息的透明度，让消费者能够全面了解并监督产品生产的全过程，从而加深了客户的忠诚度与黏性。

（3）完善产品全周期数字化管理。

踏入G企业华东中心工厂，首先映入眼帘的是两个显著的"不见"：不见人影，也不见鲜奶的直接踪迹。在"无人工厂"内部,巨型储料罐与错综复杂的管道构成了主要景象。"从鲜奶进厂到成品出厂,整个过程几乎完全由自动化控制系统操作。"G企业华东中心工厂项目部王经理解释道。

在这个"无人工厂"中,一滴鲜奶的旅程被全面数字化,从接收鲜奶、预处理、生产到质量检测,全程受到监控,并实施了全周期的数字化管理,确保了产品的安全,这一切都是通过数字技术来实现的。

鲜奶在管道和钢瓶中快速流转的同时,数据也在同步生成和记录,形成了一条长长的数据链。G企业一直在努力提升数字链的"软实力"。王经理透露,10年前,"无人工厂"虽然高度自动化,但仍存在"数据孤岛"问题,不同数据系统的管理语言不统一,信息无法交互,部分数据需要手工输入。但经过这几年的努力,数据链逐渐被打通,管理运营效率得到了显著提升。

如今的数据链,最显著的特点是数据的"全面性"。中控室的工作人员只需点击屏幕,就能同时看到工厂内的实时数据及上游的奶源数据。通过为每只奶牛佩戴识别耳标、穿戴设备,并配备TMR精准饲喂设备,上游奶源基地实现了奶牛识别、行为及饲喂过程的全面数字化,这些数据也成为数据链中不可或缺的一环,连接着"无人工厂"和数字营销平台,使数据链更加完整和可靠。

日复一日的数据通过深度解析,让"无人工厂"的数据分析变得更加智能化。王经理感慨地说:"鲜奶的生产过程环环相扣、分秒必争,容不得任何差错。"过去,"阀门矩阵"一旦出现故障,就需要紧急抢修;现在,通过日常运营数据建立的生产模型,可以提前预知风险,从而在故障发生前进行修整,不断优化生产工艺参数,确保"无人工厂"的持续健康运转。

图3是G企业的产业链流程。从奶源等原材料获取开始,精心挑选优质的奶牛养殖基地,确保稳定且高质量的生鲜乳供应,同时对饲料等相关投入品严格把控,保障源头品质。生鲜乳进入工厂后,经过标准化的处理流程,如净乳、杀菌、均质等基础操作,依据不同产品需求,运用专业工艺进行酸奶、液态奶、奶酪等各类乳制品的生产制作。其间,严格执行质量管控体系,保证产品符合各项标准。生产好的乳制品通过冷链物流等高效运输方式,按照规划好的配送路线,运往各地的仓库、经销商处或者直接送达销售终端,确保产品在运输过程中品质不受影响。

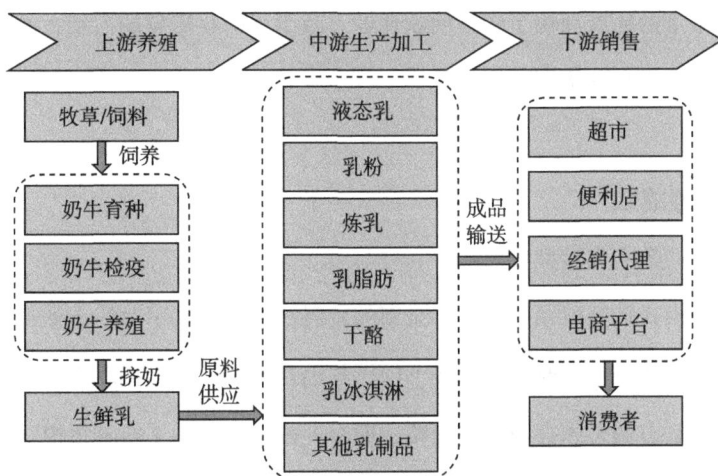

图3　G企业产业链流程

资料来源：前瞻产业研究院。

（4）实施业财一体化。

2023年初，G企业财务共享中心试点上线，初步构建真实可信、口径一致、数据共享的"一本账"，覆盖全业务场景，打通业务、报账与核算系统边界，聚集财务数据，实现了业财一体化。

一是采购环节。通过数字化平台，G企业与供应商实现了信息共享和协同：一方面，能够实时监控原材料的库存情况和市场价格波动，精准制订采购计划，降低库存积压和采购成本；另一方面，与供应商建立了更紧密的合作关系，延长了应付账款账期，优化了营运资金的占用。2022—2023年实施的ERP业财一体化项目，结合实时库存优化了包材辅料采购模式和策略，系统化运行采购需求计划，效率提高了30%以上。

二是生产环节。利用5G、物联网等技术对工厂的1581个关键智控点实施实时控制，打通生产全过程，实现了生产业务计划、调度、工艺、执行、统计、分析全过程的闭环管理，降低了生产成本。数字化技术还能够对生产设备进行预测性维护，减少设备故障停机时间，保障生产的连续性，进一步提升了资金的使用效率。例如，通过业财一体化系统，牧场与工厂之间实现了数据互联互通，确保原奶品质安全的同时，也优化了原奶的采购和生产安排。

三是销售环节。将"订奶专家"随心订平台转型为"鲜食宅配平台"，通过大数据分析精准定位客户需求，优化产品配送路线和库存配置，提高了客户满意度、加快了资金周转速度。

同时，线上销售渠道的拓展加快了销售回款速度，减少了应收账款的占用；通过智能算法优化应收账款催收策略，提高存货周转率。

2. 数字化转型成效

（1）商业模式的数字化转型成效。

G 企业的商业模式转型引领其迈入了全新的发展轨道，加大了对线上业务板块的拓展。早年间，G 企业与商超的合作主要依赖于线下门店与消费者建立的直接联系，通过商超的日常客流量及销售数据来动态调整库存与补货策略；而今，G 企业采纳了新零售模式，强调线上线下融合并进，与各大电商平台携手合作，利用互联网技术搭建起线上线下消费者的桥梁。

在巩固线下业务的同时，G 企业积极与电商平台建立合作关系。从报表数据（见表 1）中不难发现，自 2018 年与电商牵手创立线上商城以来，G 企业的营业收入实现了快速增长，标志着其商业模式的数字化转型取得了显著成效。表 1 的数据还揭示，在向新零售模式转型后，G 企业通过线上线下双轮驱动，营业收入呈现出持续增长的态势，尤其是 2021 年增长率高达 15.59%，这表明 G 企业充分利用大数据技术，实现了对目标客户的精准识别与营销，从而推动了营业收入的稳步增长。2018—2021 年，G 企业的总资产增长率呈现波动上行的趋势。其中，2019 年的总资产增长率为 −1.65%，这主要是由于企业为开拓市场而投入了大量的货币资金。同年，得益于与电商平台的紧密合作，G 企业减少了传统营销手段，大幅削减了销售费用，进而推动了净利润的显著提升。从 2021 年开始，收入、总资产和净利润都呈现下滑态势，利润下滑的主要原因包括新冠病毒感染疫情等环境的后续影响、原材料及饲料成本的攀升导致企业总成本增加等；而 2023 年净利润的大增并非来自主营业务的改善，而是由于在当期确认了土地补偿款收入，为 G 企业带来了可观的税前收益。

表 1 2018—2023 年 G 企业相关财务指标

指标	2018 年	2019 年	2020 年	2021 年	2022 年	2023 年
收入增长率（%）	−4.71	7.52	11.98	15.59	−3.39	−6.13
总资产增长率（%）	6.04	−1.65	14.35	16.28	4.27	−0.92
净利润增长率（%）	−35.71	29.61	15.08	−27.82	−30.99	112.32

资料来源：G 企业年报。

（2）追溯系统的数字化转型成效。

G企业运用先进的数字化追溯系统，向消费者全景展示了乳制品生产的全流程，涵盖智慧牧场的构建、乳制品的精加工以及现代化工厂的建设等关键环节。通过这一数字化平台，企业对奶牛实施科学喂养与实时监管，确保食品安全无虞。与此同时，工厂生产线也实现了联网，允许实时监控生产动态，并邀请消费者参与监督，这一举措极大地增强了消费者对G企业产品的信赖感。

随着人们健康意识的日益增强，食品安全成为消费者选购乳制品时的重要考量因素。G企业深刻洞察到消费者对于食品安全的关切，建立了全面的数字化追溯体系。从牛奶的源头采集、工厂的精细加工、仓库的严谨管理，直至产品最终送达消费者手中，每一个环节都可通过扫描包装上独一无二的二维码进行追溯查询。消费者不仅能够追踪产品的完整生产过程，还能享受到前所未有的用户体验，这一创新做法直接推动了G企业营业收入的攀升。

（3）产品全周期数字化管理成效。

G企业引入数字化管理系统后，生产效率实现跃升。生产线上的传感器与智能监控设备实时收集各类数据，涵盖原料投放量、设备运行参数、加工温度与时长等。大数据分析不仅让生产流程持续优化，而且精准的配料指令可避免原料浪费，使以往因人工估算失误导致的物料损耗率降低超15%。设备故障预测机制借助机器学习算法，提前排查潜在故障点，维修响应时间从原来的平均4小时缩至平均1小时内，生产线年均停工时长减少约30%，由此保障了产能稳定提升。

在全周期数字化框架下，品质把控贯穿始终。从奶源采集时的体细胞、微生物检测，到成品出厂前的多维度质检，数据全记录可追溯。一旦产品某项指标异常，数字化追溯体系能在数分钟内锁定问题环节，精准定位源头，将不合格产品拦截在出厂前。这一举措使产品批次合格率提升至99%以上，极大地降低了食品安全风险。

（4）财务数字化转型成效。

G企业建立了重大行为可控的风险预警平台，通过资金和预算为主的资源调配体系，将上游的奶源供应商、中游的生产加工企业和下游的销售渠道及终端消费者紧密连接。这种协同效应使产业链各环节的信息更加透明，能够更好地协调生产、销售和库存管理，减少了因信息不对称导致的资金浪费和积压。

通过引入先进的财务管理系统、大数据分析等工具，建立满足各层级需求的决策分析中心，G企业可以更加精准地预测资金需求、优化资金配置，并实时监控资金流动情况。如RPA机器人应用、OCR票据识别等智能化、数字化技术的应用，大大减少了人工重复操作和数据处理的时间，提高了营运资金管理的效率和准确度。通过统一的信息化系统承担会计核算及资金管理等职能，促使企业运营效率进一步提高。

三、风雨磨砺：拓展全产业链数字化赋能之路

2024年4月的一天，在春日暖阳下，G企业财务总监在办公室内看着财务报表中的数据露出了微笑，他回忆起在数字化建设初期，内部针对"要不要更换系统""如何更换系统"等问题的争论不断，最后由上级领导决议："G企业一定要对标世界一流企业，企业的所有信息化必须重塑！"所以，G企业集中打造了报账平台、财务核算平台及产业数字化平台共三个统一平台。现在看来，这一决定是相当正确的。随后，财务总监召开会议总结上年工作，相关部门汇报道："从数据来看，我们公司的数字化转型取得了相当不错的成绩，但是目前存在着一些问题，比如数据安全和隐私保护、人才短缺以及投资回报的不确定等。"但是，这些问题对于G企业来说根本不足为惧，反而更加坚定了G企业全体员工进一步持续打造数字化全产业链的决心。

1. 生产环节

运用物联网、大数据等技术，G企业旗下25家自有牧场及相关设施建立了独有的"千分牧场"标准评价体系，对奶牛养殖、育种、饲料投喂等进行全方位数字化管控。例如，通过TMR精准饲喂系统，精准执行奶牛日粮配方管控，自动收集奶和饲料等数据；建设育种管理系统，实现良种繁育的系统化和智能化，提升奶牛牧业技术集成水平，确保生乳品质的同时，提高了生产效率，稳定了奶源供应，从源头上保障了营运资金的稳定投入与产出。

G企业华东中心工厂作为全球最大的液态奶单体工厂，其引入了WCM世界级制造管理系统，结合先进工艺实践和改进方法，实现了工厂生产全过程数字化管理和控制。例如，升级完善MES系统，实现了生产信息采集与管理，优化了生产业务流程；建设产线赋码系统，将生

产数据关联至最小单位产品，为全程智能管控提供数据保障，提高了生产效率和产品质量，降低了生产成本，加快了营运资金的周转速度。

2. 物流环节

G 企业建立了"五星冷链"体系，在全国拥有 65 座综合物流中心、1000 余辆冷藏配送车，覆盖 5 万个鲜奶牛奶配送网点。通过大数据和数字化应用系统，G 企业实现了冷链物流平台化、数字化、智能化管理，从采购、订单管理、库内作业到运输管理等方面，全面提升物流效率和服务质量，确保新鲜产品在物流端的品质和食品安全，减少了因冷链物流问题导致的产品损耗和资金浪费，同时也增强了企业在低温鲜奶市场的竞争力，促进了销售增长，加速了营运资金的回笼。

3. 销售与服务环节

G 企业通过与阿里云合作，对"随心订"平台进行数字化升级，打通线上线下业务，引入多元营销方式，使用户量显著增长。平台定位从"送奶到家"升级为"鲜食宅配"。该平台不仅销售鲜奶，还涵盖了粮、油、果、蔬、肉、酒、小食和鲜花等多种商品，SKU 超过 1000 个，极大地拓展了销售渠道和业务范围，提高了销售额和资金流入速度，提升了营运资金的使用效率。

通过建立服务及营销互动平台，G 企业将产品信息追溯服务与企业营销活动深度结合，通过营销活动促进经销商和消费者的积极参与并反馈信息。此举一方面能够更精准地了解市场需求和消费者偏好，为产品研发、生产和销售策略的调整提供依据，优化营运资金的配置；另一方面，通过与消费者的互动，增强了消费者黏性和忠诚度，促进了产品销售，加快了资金周转。

四、尾声

砥砺前行步履稳，风雨兼程铸辉煌。在全新的经济发展格局与激烈的市场竞争环境下，通过对市场数字化趋势的洞察，以及对自身优势与劣势的分析，G 企业持续推动贯通销售、物流、生产的数字化全产业链优化升级，持续打造乳业新质生产力。瞬息万变的市场环境下，风险和机遇并存，G 企业全产业链数字化转型之路依然任重道远。

启发思考题：

1. G 企业为什么要进行全产业链数字化转型？

2. G 企业是怎样进行全产业链数字化转型的？

3. 如何从产业链视角评价 G 企业数字化转型的效果？

4. G 企业应怎样进一步推动数字化全产业链优化升级？

5

企业文化

履践致远：

"演讲会"助力金泰昌润大酒店文化落地 ①

摘要：金泰昌润大酒店是山东省聊城市最早的一家四星级酒店，它集餐饮、住宿、会务、购物、休闲娱乐于一体。本案例描述了员工个体优秀服务案例的分享；部门内部如何让更多员工参与演讲会，实现从"一人强"到"群体强"；随着新生代员工加入及消费环境的变化，特别是近年来新冠病毒感染疫情的影响，金泰昌润大酒店如何进行企业文化落地的顶层设计。本案例旨在引导学习者从领导、个体、团队、组织四个层面系统地思考企业文化落地。

关键词：金泰昌润大酒店；文化落地；演讲会；企业文化

Practice to Go Further: "Lecture Presentation" Helps Jintai Changrun Hotel to Accomplish Culture Landing

Abstract: Jintai Changrun Hotel is the first four-star hotel in Liaocheng City, Shandong Province, which integrates catering, accommodation, meeting, shopping, leisure and entertainment. This case describes the excellent service cases of individual employees; how to involve more employees within the department to achieve "one strong person to one strong group"; with the new generation of employees and changes in the competitive environment, facing the changes of the new consumption environment, especially the impact of the epidemic in recent years, how does Jintai Changrun Hotel carry out the top-level design of corporate culture and innovate the form

① 本案例由聊城大学商学院（质量学院）马斌、杜洁、焦艳芳、付诗雨共同撰写，经中国管理案例共享中心授权使用。本案例为聊城大学校级专业学位研究生教学案例库建设项目"MBA 市场营销课程案例库建设"成果，同时受到聊城大学商学院（质量学院）揭榜挂帅团队立项项目资助。研究生（MBA）教学案例团队的王金河、刘淑华、李辉三位老师，以及金泰昌润大酒店董事长兼总经理侯宪宝参与了案例的调研和讨论。

and content of the lecture presentation on the basis of inheritance. The learners will be guided to systematically think about the implement of corporate culture in terms of leader, individual, team and organization.

Keywords: Jintai Changrun Hotel; Corporate Culture Landing; Lecture Presentation; Corporate Culture

案例正文：

履践致远："演讲会"助力金泰昌润大酒店文化落地

引言

魅力，是蒙娜丽莎迷人的微笑，是迈克尔·乔丹的临空灌篮，是白石老人的虾，是悲鸿先生的马，然而此时，在侯宪宝看来，魅力是台上演讲者容光焕发的精神面貌。2022年3月4日，每月一次的"优秀服务案例演讲会"如期举行，自金泰昌润大酒店2002年成立以来，每个月都会组织演讲会，从众多的优秀员工中层层筛选，让优秀员工"现身说法"，组织全体员工进行学习。这一件看似"微不足道"的事情坚持了20年！台上演讲者激情澎湃、声情并茂的演讲引得台下员工掌声连连，掌声也带给了演讲者自信，也让坐在评委席的侯宪宝打开了回忆的大门。

一、背景介绍

1. 酒店文化

金泰昌润大酒店（原名昌润大酒店）成立于2002年1月，是聊城市昌润投资发展有限责任公司投资亿元建造的四星级旅游酒店，集餐饮、住宿、会务、购物、休闲娱乐于一体，是山东省聊城市最早的一家四星级酒店。2021年，金泰集团入股昌润大酒店，更名为金泰昌润大酒店。酒店位于市区东西方向主干道东昌路的西首，向西步行5分钟即为聊城市火车站，驱车向北直行3分钟即可到达济聊馆高速公路聊城西入口处，交通非常便利。酒店拥有各式客房140余间套、主题客房55间。酒店餐饮面积为4300平方米，零点餐厅和自助餐厅各1个，装修风格迥异的宴会包厢20个，共有餐位600余个。酒店拥有具备4种语言同声传译功能、可容纳170余人的大型会议室1个，兼有宴会、会议等不同功能的多功能厅1个，以及可容纳10~50人的中小型会议室4个。经过多年的经营，金泰昌润大酒店在山东省已经小有名气，多年来获得的荣誉数不胜数。

2018年1月，被山东省旅游饭店协会评为商务饭店50强。

2019年1月，被山东省旅游行业协会认定为"山东省旅游服务名牌"。

2020年5月，被山东省精品旅游促进会授予"山东省精品旅游先进单位"称号。

2020年9月，被山东省精品旅游促进会评为"山东省分餐制示范单位"。

2020年12月，被山东省旅游饭店协会评为"山东饭店业诚信经营先进单位"。

2021年4月，被山东省旅游饭店协会评为"2020年度山东饭店业绿色饭店""2020年度山东饭店业优秀会议饭店"。

2021年7月，被聊城市酒店业协会评为"助力聊城经济发展聊城餐饮行业十大功勋企业"诚信经营示范店。

2021年12月，被山东省饭店协会评为"山东省绿色饭店"。

2022年6月，被山东省精品旅游促进会评为"山东省精品旅游先进单位"。

图1　金泰昌润大酒店所获部分荣誉

资料来源：由金泰昌润大酒店提供。

金泰昌润大酒店经过20多年的运营实践，逐步形成了具有自身特色的酒店文化。

（1）昌润精神——用真诚创造满意。

酒店成立之初就塑造了"用真诚创造满意"的昌润精神。以顾客为导向，要求一线的工作人员必须发自内心地、真诚地去为顾客服务，只有这样才能获得顾客的满意，酒店才能获益。酒店内部二线工作人员（上工序人员）要急一线工作人员（下工序人员）之所急，及时满足一线工作人员（下工序人员）的正当要求，用自己真诚的心和实际行动收获一线员工的满意，只有这样，一线员工才能更好地服务于客人。一线员工、二线员工、酒店的关系密不可分。

图 2　酒店大堂内昌润精神题字

资料来源：由金泰昌润大酒店提供。

（2）服务宗旨——宾客至上，服务第一的"家"文化。

"顾客不是上帝，我们要视顾客为我们的家人、我们的亲人来服务，让顾客能感受到家的温暖，客人来到酒店就像回到自己家里一样。"酒店要求员工招待客人时要热情周到，做到服务无缺陷，为顾客提供"满意＋惊喜＋感动"的服务。这就要求服务必须做到四句话：预测客人需求要在客人到店前，满足客人需求要在客人开口前，化解客人投诉要在客人不悦前，给客人一个惊喜要在客人离店前。

（3）昌润作风——严细、微笑、创新、高效。

"严细"："严"即严格的管理、严明的纪律、严密的制度、严谨的工作作风；"细"即标准细、服务细、检查细、工作布置细、思考问题细。

"微笑"：微笑是员工应具备的最基本的工作态度。微笑是人与人之间无言的最好沟通，也是向顾客表示尊重、欢迎的一种重要表现形式。

"创新"：去粗存精、去伪存真、推陈出新。

"高效"：工作高效率、经营高效益、员工高工资。

（4）管理制度——《员工手册》。

基于"用真诚创造满意"的酒店精神，金泰昌润大酒店逐步建立了各项管理制度，对酒店各项管理工作和服务活动做出规定，这是加强酒店管理的基础，是全体员工的行为准则，也是酒店进行有效经营活动必不可少的规范。目前，百余项制度已被汇编为《员工手册》，成为酒店的"基本法"，它规定了酒店每个员工所拥有的权利和义务，应该遵守的纪律和规章制度，以及可以享受的待遇。《员工手册》人手一册，是酒店发放最广的文件。

《员工手册》的内容主要有序言、总则、组织管理、劳动条例（包括用工类别、聘用条件、劳动制度、劳动合同、体格检查、试用期、工作时间、超时工资、人员培训、工作调动、调职与晋升、合同解除等）、员工福利（包括各种假期、医疗福利、劳动保险、培训、津贴等）、店规（包括礼仪、考勤、行为规范、宾客投诉、纪律处分和奖励等）、安全守则、设备管理等。

（5）行为准则——"看、听、问、查、用"五字方针。

"用真诚创造满意"是酒店多年来传承下来的酒店精神，已经成为员工工作中遵守的准则。在实际工作中，酒店精神必须转化成工作规范标准，进而形成工作习惯。

"看"：意为在服务过程中，时刻细心观察，留意客人的表情、举动，发现需求时应给予及时满足。

"听"：意为在为客人服务中，仔细聆听客人谈话或有用的声音信号，发现需求并给予满足。

"问"：在为客人服务的过程中，要因时、因地、因人、因事，适时询问客人的需求，以此来提供相关的服务。

"查"：主要是综合"看、听、问"三点得到的信息，通过之前学习的小秘方、小知识，进行思考、分析，了解、判断客人的潜在需求，力求做到"想客人之所想、急客人之所急"，为客人提供超值的服务。

"用"：五字方针中最重要的环节，通过以上几个步骤收集信息后，进行信息资源的整合，把这些信息转化为服务行动进行落实，真正做到用真诚创造满意，为客人提供"满意＋惊喜＋感动"的服务。

（6）服务要求——"四卡"服务。

"客房友情提示卡"：规范楼层友情提示卡的应用，保证向住店客人提供有效的个性化、亲情化服务。

"前厅生日卡"：向顾客发放生日祝福信息，规范酒店对客人的服务，为客人创造惊喜。

"餐饮宾客信息卡"：为客人提供个性化、亲情化和细微化的特色服务，使客人满意、惊喜和感动，最终增加和稳定客源，提升酒店经济效益。

"总办新员工入职培训卡"：通过对新进人员进行培训，保证其能胜任其工作，以确保酒店的服务质量稳步提升。

2. 侯总其人

"优秀服务案例演讲会"成就了今日的金泰昌润大酒店，而演讲会的传承与坚持离不开酒店党委书记、董事长兼总经理侯宪宝的努力。

2001年大学毕业后，怀揣梦想的侯宪宝进入聊城温泉大酒店工作，承担了人力资源培训及质控的工作。在这个过程中，侯宪宝充分运用培训和质量监督检查工作的机会，从工作中一点一滴学习。自身专注的学习和工作能力，培养了他坚毅的品格。人力培训和质控的工作让他有了人力资源管理的经验和善于用人的能力，一年半之后，他被调任客务部副经理一职，承担客务部的专业管理工作。

2004年初，受时任昌润大酒店总经理王继华人格魅力、酒店在行业内的品牌影响力和口碑以及先进的酒店管理理念吸引，侯宪宝正式入职昌润大酒店。侯宪宝非常认可王继华总经理的经营理念和酒店文化，并且在以后的经营中一直在践行"优秀服务案例演讲会"，一直在传承、发扬"用真诚创造满意"的酒店精神。在昌润大酒店这个平台上，侯宪宝细心钻研，兢兢业业地付出和辛勤工作，由于工作突出，他的晋升也像他的能力一样跑在了加速赛道上。他用他的勤勉和智慧，从酒店餐饮部经理升到酒店副总。

侯宪宝从业20年来，坚持学习，不断在其热爱的酒店管理领域积累经验，除不断地向同行学习先进的管理、经营经验外，还不忘用理论充实自己，紧张工作之余跟随聊城大学MBA教育中心的工商管理高级研修班学习并顺利结业。作为酒店"掌舵人"的他深知在当前经营管理中文化传承和创新的重要性。

"优秀服务案例演讲会"在酒店文化落地的过程中发挥着重要作用，为了能让员工了解并认同酒店文化，侯宪宝每周四上午为员工上课，以不断强调演讲会的重要性，这个习惯一直坚持到现在。同时，他制定了《优秀案服务例标准》《"用心做事"优秀服务案例评定办法》《关于举办优秀服务演讲会的具体实施办法》等一系列规章制度，保障了演讲会的有效进行。

酒店文化是酒店的核心竞争力所在，是酒店管理最重要的内容，只有拥有了自己的文化，并随着环境的变化创新酒店文化，才能使酒店具有生命力。在今天市场经济下，一家企业要想做长、做久、做大，做"长胜将军"，做百年老店，就必须"争第一"，否则你就可能被打垮、被淘汰。因此，他在酒店文化的基础上创新性地提出"永远第一，永远昌润"的经营思想。作为每一位昌润人，要使酒店达到第一，每个人就必须树立起在各个岗位争第一的观念，尽自己所能，把各项工作做到最好，以此激发员工的积极性和创造精神，提高企业经济效益。

图3 侯宪宝个人职位晋升及成就
资料来源：由金泰昌润大酒店提供。

二、星星之火，可以燎原

演讲会现场再一次热烈的掌声打断了侯宪宝的回忆，刚上台的演讲者是餐饮部的刘红主管，侯宪宝对这个人非常熟悉，刘红不止一次登上演讲会的舞台分享自己的事迹。

1. 被子、票子和面子

侯宪宝微笑着说："刘红，这是你第几次演讲啦？"

刘红回答道："侯总您好，这是我第17次啦，按照领导的要求，今天我不讲具体做法了，我讲一下这些年来参加演讲会的心路历程，我能开始了吗？"

侯宪宝笑着说："很好，我们洗耳恭听。"

刘红重新走到讲台中间，向台下的听众深深鞠了一躬，开口说道："我是来自餐饮部的刘红，今年38岁，在酒店已经工作17年啦，我今天想和各位同事聊聊我参加演讲会的心路历程。

"我是2004年山东旅游学院毕业之后就来咱们酒店工作的，当时咱们酒店在聊城酒店中级别最高，生意火爆，想进来工作实属不易，再加上我身材偏胖，长得也不漂亮，所以当时工作非常没有自信。但新入职员工的培训给了我信心。在培训中，我了解到酒店成立之初就塑造了'用真诚创造满意'的昌润精神，以顾客为导向，真诚地为顾客服务。我理解的'真诚'就是'真情实意、诚而守信'，做事真心真意，真情流露，才能感动客人。于是我就把'查、问、听、看、用'五字工作方针牢记在心并贯穿于服务的全过程。有一天在准备自助早餐时，我发现一位客人鞋帮快掉了，我迅速从餐厅登记工作人员处了解到该客人的房间号是703，待客人用完早餐回房间后，我敲开门，询问其是否需要把鞋修一下，得到肯定答复后，我拿着鞋到离酒店三公里的修鞋店把鞋修好。把鞋送回房间时客人非常开心，也非常感激。也正是因为这件看似很小的事，我第一次站在了演讲会的演讲台上。还记得第一次登上演讲台的时候紧张得不得了，一直低着头不敢看下面，不瞒大家，实际上第一次我是'被迫'上台的，那时候我想只要把工作做好就行，再加上自己也不会写稿子，但是当时的领导说：'你不会写我帮你写，你必须代表餐饮部上台。'就这样赶鸭子上架，有了我第一次的演讲，没想到讲完后大家给予了我热烈的掌声，还得了三等奖。从此之后我再也不害怕上台了，甚至有点想上台的冲动。在此之后，我更是把'真诚创造满意'的昌润精神融入工作，践行服务的'五字方针'，把客人当作家人。"

台下员工掌声一片，刘红继续说："随着演讲次数的增加，演讲会的神秘感对我来讲荡然无存，吸引力也不像以前大啦，说句实话，每次得到的奖品基本是被子、毛巾、茶杯等，我家里现在还放着好多呢，所以后来我的积极性也就不高了，再加上当时我刚贷款买了房子，就只想着多干活、多赚钱。当时和我一样想法的员工不在少数，酒店领导及时发现了这个问题，迅速出台了相关制度，对连续上台演讲并多次获奖的员工予以提拔、涨工资，把参与演讲会与员工的晋升和奖励结合起来。这对我来讲，极大地调动了我的积极性，也很幸运，2006年我被提拔为零点厅的领班，后来又被提拔为餐饮部主管。"

刘红动情地说："我在昌润工作了17年，酒店就是我的家！我也见证了演讲会这17年，我为能够上台演讲感到骄傲和自豪，能够把自己工作的心得和做法与大家分享，一起进步，让我感到无比荣幸！谢谢大家！"

2. "我就住14楼"

演讲会继续，这位演讲者是来自客房部的杨丽。

"我是来自客房部14楼的一名房间服务员，我今天想给大家分享两个故事。第一个是关于一对夫妻的故事。有一天早上收拾房间时，我看到客人的中药放在了桌子上，担心天气热，中药变质，我就放到了冰箱里，调到合适的温度，并且写了留言卡告知客人，没想到的是过了几天我收到一封感谢信，信上说以后来聊城就住昌润大酒店14楼。我们一个服务的细节让顾客就能感受到温暖，我也非常激动，于是就把这封信发到了朋友圈，没想到聊城电视台《民生面对面》栏目就此事做了专门报道。

"第二个故事的主人公是一位女士。2021年7月3日，1468房间住的是一位50岁左右的刘女士，刘女士已经在酒店住了三天。这天，我为客人打扫房间时，发现客人在服用消炎药物，于是想起来培训的时候学过，蒲公英有消炎的功效，而且没有副作用，便为客人准备了一些蒲公英，并写了留言卡说明用意。客人回来后，直夸我们的服务细心、周到，能及时为客人提供力所能及的帮助，缓解了病痛，让刘女士感觉住在昌润这几天很舒服，心情很好，她以后还住金泰昌润大酒店，而且就住14楼。"

侯宪宝情不自禁地鼓起了掌，台下所有的员工也用热烈的掌声回应着演讲者。这看似一件件微不足道的小事却能够让顾客感受到家的温暖，也正是工作中的一言一行、一点一滴构成了酒店文化强大的生命力。一个个"活"案例让所有员工有了学习的榜样和进步的动力。自2002年举办演讲会以来，每月25日各部门收取本部门的优秀案例，26~30日由办公室进行审核，在符合相关规定的前提下，每部门选出三件优秀案例。为了提高案例分享活动的生动性和参与度，每位案例的员工需要现场脱稿讲述案例中优秀服务的传递过程，要求所有员工到场聆听，并设有评委席，现场公布打分，并现场发放奖品，给予员工精神与物质双重奖励。到目前为止，共有3650人次参加了演讲会。

三、聚沙成塔，集腋成裘

演讲会结束后，侯宪宝回到办公室，心情久久不能平静，一个个生动的服务案例让他感动，坚持了20年的演讲会也让他非常感慨。但是刘红的一句话仿佛还萦绕在他耳旁。第17次参加演讲会的经历固然说明刘红表现非常优秀，但同时也隐藏着一个问题，餐饮部门员工参与演讲会的广泛性不够，部门本来服务员就不多，一个人参加这么多次说明其他员工参与度不足，演讲会最重要的作用就是让酒店文化根植于每一个员工思想和行为之中，这样才能够真正实现酒店文化落地。他马上安排企划部经理王云下午召开专门会议。

侯宪宝开门见山地说："近期演讲会举办得非常成功，部分员工参与的积极性也很高，'用真诚创造满意'的酒店文化正慢慢地融入大家的工作，但同时也暴露出了一个问题，部门推荐的员工过于集中，有的部门一直就固定的一两个员工参加，这显然违背了我们举办演讲会的初衷，企划部作为演讲会的主管部门先说说你们的想法吧。"

王云连忙抬起头说："作为演讲会的主管部门，我们对这个问题确实应该承担一定的责任。但是这个问题的关键还在于一线业务部门。在这之前我们也注意到了这个问题，并且以电话的形式与各部门负责人进行了沟通，但是他们还是我行我素，我们也很无奈！"

王云带有"火药味"的发言让会议室炸开了锅，大家你一言我一语地议论起来。餐饮部经理吕华是 2008 年来酒店工作的，也算是酒店的"老人"。他还清晰地记得新入职的一周培训的情景，酒店的各项规章制度和"用真诚创造满意"的酒店文化仍然记忆犹新，他深知酒店文化对于管理的重要性。"我和刘红主管也商量讨论过这个事，一直以来都在思索着如何在部门内部真正做到文化落地，让'用真诚创造满意'深入人心。作为餐饮部经理我也很为难，大家都很清楚，餐饮部设有零点、宴会和综合部三个部门，共有 23 名员工，三个部门主管，除了我之外都是女士，从年龄段看，年龄稍大的 1978—1979 年的员工有 10 名左右，几乎占一半，她们基本上都是初中毕业，普通话说得不标准，演讲稿也不会写；'85 后'的员工也不少，但现在正是她们孩子小、事情多的人生阶段；1993—1999 年的员工倒是想上台演讲，但是确实工作经验少；对于'00 后'的几个年龄小的员工，主要是心理负担，不敢站在台上讲。我也只能'强制'刘红他们几个主力了。"

刘红补充道："正如吕经理所言，餐饮部部分员工也在私下有这方面的议论，我建议是不是限定员工演讲的次数，比如一个季度不能超过两次，让每个员工都有机会演讲。与此同时，我建议在部门内部形成互帮互助机制，让经常演讲的员工分别带领几个员工，这样整个部门就会形成一致向上的赶帮超氛围。"

客房部经理耿强接着说："客房部也存在类似问题，王云经理也得理解我们的难处。你们作为主管部门应该拿出具体措施和相关制度，这样我们也好执行。我个人非常赞同刘红的建议，可以限定参与次数，让大家都有机会，对于年龄、学历和经验不同的员工应该分类指导。关于演讲会我这里还有一个问题，就是关于二线部门如何支持一线部门。我们客房部和洗衣房、维修部等二线部门有紧密的工作关系，有时候客房亟须维修，客人着急洗衣服，但是二线部门效率不是很高，我建议也让二线部门推荐优秀服务案例，一开始可以限定优秀案例少一点，倒逼他们提高内部服务，共同践行'用真诚创造满意'的昌润文化。"

总经理助理李艳协助分管企划部，是金泰集团入股昌润大酒店后来酒店工作的职业经理人。"我虽然来酒店工作时间不长，但确实深深地感受到了浓厚的酒店文化。以上两位经理难处我也理解，有难处是正常的，要想办法去解决。刘红的建议我个人非常赞同，除此之外我还想补充一点。一人强不叫强，群体强才是强，我建议充分利用《昌润焦点》和《昌润报纸》两个媒体平台，把优秀员工和每月进步员工事迹进行宣传，让全体员工和部分顾客进行投票，得票多的部门给予一定的奖励，部门和部门之间形成良性竞争的文化氛围。"

其他部门几个经理也纷纷发言，侯宪宝一边听，心里一边"窃喜"，虽然部门间还存在一定的分歧，但各部门经理不回避问题的态度让他很欣慰。"乃至童子戏，聚沙为佛塔。"酒店的成功离不开每个昌润人一点一滴的努力，企业的成功基于员工的成长，而"优秀服务案例演讲会"作为员工成长的平台，一定要继续传承下去。举办"优秀服务案例演讲会"有两个基本目的：一是助力员工践行酒店文化，提高员工工作兴趣，改善员工工作态度；二是使酒店各个部门之间相互了解，培养整体观念和合作精神，以增加员工之间的互谅互让，培养员工之间的友谊。会后一、二线部门负责人结合各自特点制定具体方案，让更多的员工上台演讲。企划部起草相应制度并落实在《昌润焦点》和《昌润报纸》两个媒体平台的宣传方案，部门之间形成了良性竞争，正所谓"一人强不叫强，部门强才是强"。

四、行而不辍，未来可期

2022年上半年对于金泰昌润大酒店来说是非比寻常的半年，本来预测"很快结束"的新冠病毒感染疫情席卷而来，聊城市也未能幸免。客流量骤降、禁止堂食等一系列问题不断地冲击着酒店的运营，但是酒店的员工无怨无悔、不离不弃，酒店的"家文化"已经深入人心，酒店不仅是客户的"家"，也是员工的"家"。第四季度会议之前的一天，侯宪宝与总经理助理李艳对未来进行了深入的沟通。

侯宪宝苦笑一声说："上半年咱们算是挺过来啦！"

李艳点头说道："是啊，真不容易！多亏了咱们酒店文化深厚，越是困难的时候越能体现文化的重要性，特别是'优秀服务案例演讲会'，几个人带动了一个部门，几个部门联动助推整个酒店家文化氛围。"

侯宪宝十分认可李艳的观点，"优秀服务案例演讲会"活动坚持至今从未间断，活动不仅让员工有了学习的机会，也在无形中给了自己不断努力的动力和方向。这不仅仅是活动的继承，更是昌润精神和服务理念的传承，这个活动像是一场"润物细无声"的雨，让每一名昌润员工时刻把酒店精神融入工作。

自《中央政治局关于改进工作作风、密切联系群众的八项规定与反腐败斗争》出台，从上至下倡导厉行节约，禁止公款吃喝。高星级酒店行业尤其像金泰昌润大酒店这样以公务、政府接待为主的高星级酒店，经营情况受到了前所未有的挑战，如各种团队会议、高端商务宴请等都争相取消等。面对这样的形势，侯宪宝却没有表现出消沉的情绪，丰富的行业经验和持续的学习积累让他意识到，每个行业都会受到宏观环境的影响，当不可逆转的环境变化为企业带来负面影响时，应该从"时、市、势、事"四个维度思考，根据时代和整个社会形势作出调整，为企业带来转机。

"时"即时代，为让酒店顺应时代的发展。使用标准化与个性化相互结合的管理方法，能够有效地确保酒店在工作时的服务质量，进而提高消费者满意度，以获取更大的利益。

"市"即市场，扩大目标客户范围。考虑到市场需求，每一个酒店管理者都要对自身酒店进行客观评价，结合酒店基础设施和经营特色，进行标准化的管理，以顾客需求为关注焦点，满足消费者各类需求。同时，针对个性化的特色服务，最大限度地了解消费者需求，帮助消费者准备一切合理所需，提供给消费者最便捷、亲情化的服务。

"势"即形势，结合当下形势，迅速作出反应，作出决策。针对当前的形势，及时进行菜单大众化、餐饮分餐制、菜品小份化等改革，倡导绿色健康、卫生安全的服务理念；同时推出季节性美食节等市场营销，顺应当前社会主要矛盾的变化，即人民对美好生活的向往。将菜品定位为绿色、健康、安全、快捷，并结合二十四节气不断地研发养生健康产品，真正做到创新转型。

"事"即具体的事项，研判形势之后针对事项作出应对方案。例如，根据每个单位的消费标准来更换酒水菜单，使消费大众化；餐标调整至百元以下，引进百元以下的红酒及白酒；等等。优化具体管理措施及产品类型、服务、菜品、营销、后勤保障、结算方式等；转变营销观念，划分客户群体，创新菜品以迎合家庭消费；举办美食节（常吃常新），"有节过节、无节造节"。

管理是经验的科学，善于总结、善于发现、善于思考，就能从工作中获得更多的东西。"当一个人把知识变成常识，把常识变为智慧的时候，一切事情就会迎刃而解。"侯宪宝是这么说的，也是这么做的。这些年，侯宪宝时常会躬身自省：尽力了没有？存在哪些不足？如何做得更好？十年磨一剑，有了知识积累和经验的沉淀，他完成了从"干活"到"做事"到"决策"的华丽转身。正因为有了这样的认识，所以侯宪宝对"优秀服务案例演讲会"的第一反应便是"一定要传承下去"。

"演讲会我们一定要坚持传承下去，但是要创新地传承。目前有几个问题亟待解决。一是关于演讲会的形式，能否在只是演讲的基础上增加其他形式，如读书心得分享、情景剧等？二是物质奖励的形式过于单一，如何提高奖品的吸引力？三是要制定所谓优秀案例的标准，不能把本职工作当作创新。据吕经理说，自从部门实施了一系列鼓励措施后，他现在很头疼，因为大家都想上台演讲了，不管做的工作有没有真正的创新，都争着演讲。四是如何通过演讲会让优秀的员工脱颖而出，并在晋升和绩效上进一步对接？"

李艳说："好的侯总，我和企划部沟通一下，从制度层面进行设计，保障演讲会成为酒店文化落地的助推器。"

五、尾声

侯宪宝站起身来走到落地窗前仰头看着外面的天空。新冠病毒感染疫情暴发后，酒店市场面临着全面洗牌，大量酒店经营困难。金泰昌润大酒店也同样走到过危机的最边缘，客流量减少、营销成本增加、人员流失等问题历历在目，但金泰昌润"优秀服务案例演讲会"这一坚持了20年的制度"挽救"了金泰昌润。还记得酒店最困难的时候，侯宪宝依然坚持演讲会形式，不放弃学习培训，每个月都挑选出优秀员工的服务案例拿到演讲会上进行宣讲，号召全员认真学习践行酒店"用真诚创造满意"的企业文化。优秀员工的榜样作用不可忽视，正是有了这种精神和思想上的正向激励，才帮助酒店逐渐渡过了难关。随着时间的推移，金泰昌润大酒店终于在大环境如此不利的市场条件下逆风前行，走出了一条属于自己的现代化酒店管理之路。窗外的天空逐渐晴朗明亮起来，侯宪宝转过身走出房门，再次意气风发地踏上新的征程。

启发思考题：

1. 金泰昌润大酒店文化的主要内容是什么？侯宪宝在企业文化形成与落地中起到什么作用？

2. 作为基层员工的刘红和杨丽是如何践行"用真诚创造满意"酒店文化的？

3. 如何让部门更多的员工和更多的部门参与演讲会，实现从"一人强"到"部门强"？

4. 金泰昌润大酒店未来应该采取哪些措施来推动酒店文化落地？